浙江大学 国际联合商学院 | ZIBS 书系
INTERNATIONAL BUSINESS SCHOOL
ZHEJIANG UNIVERSITY

大金融 书系
Macro-Finance Book Series
International Monetary Institute of RUC

Will De-globalization Disrupt
Banks' International Expansion?

履霜坚冰 驯致其道

全球银行业国际化报告

Bank Internationalization Report

贲圣林　邵　辉　朱　赫　等◎著

澳門大學
UNIVERSIDADE DE MACAU
UNIVERSITY OF MACAU

工商管理学院
FACULDADE DE GESTÃO DE EMPRESAS
FACULTY OF BUSINESS ADMINISTRATION

浙江大学 金融科技研究院
INSTITUTE OF DATA&RISK
ZHEJIANG UNIVERSITY

浙江大学 大数据戰略重点实验室研究基地
INSTITUTE OF DATA&RISK
ZHEJIANG UNIVERSITY

浙江大学金融研究所
Institute of Finance Research, Zhejiang University

中国金融出版社

责任编辑：吕　楠
责任校对：孙　蕊
责任印制：程　颖

图书在版编目（CIP）数据

履霜坚冰　驯致其道：全球银行业国际化报告／贲圣林等著．—北京：中国
金融出版社，2022.11

ISBN 978-7-5220-1793-8

Ⅰ.①履…　Ⅱ.①贲…　Ⅲ.①银行业—金融国际化—研究报告　Ⅳ.①F831

中国版本图书馆 CIP 数据核字（2022）第 195730 号

履霜坚冰　驯致其道：全球银行业国际化报告
LÜSHUANG JIANBING XUNZHI QIDAO：QUANQIU YINHANGYE GUOJIHUA BAOGAO

出版
发行　**中国金融出版社**

社址　北京市丰台区益泽路 2 号
市场开发部　（010）66024766，63805472，63439533（传真）
网 上 书 店　www.cfph.cn
　　　　　　　（010）66024766，63372837（传真）
读者服务部　（010）66070833，62568380
邮编　100071
经销　新华书店
印刷　天津市银博印刷集团有限公司
尺寸　170 毫米×230 毫米
印张　10.25
字数　175 千
版次　2022 年 11 月第 1 版
印次　2022 年 11 月第 1 次印刷
定价　95.00 元
ISBN 978-7-5220-1793-8
如出现印装错误本社负责调换　联系电话(010)63263947

目 录 Contents

履霜坚冰　驯致其道

Will De-globalization Disrupt
Banks' International Expansion?

图　Figures

表 Tables

履霜坚冰　驯致其道

Will De-globalization Disrupt
Banks' International Expansion?

第 1 章　Chapter 1

后疫情时代全球经济形势

1.1　后疫情时代，世界经济陷入深度衰退

1.2　量化宽松再度重启，隐患不容忽视

1.3　国际形势日益复杂，全球化进程无法阻挡

2020 年，新型冠状病毒肺炎（COVID-19）席卷全球，疫情取代全球贸易争端，成为全球核心系统性风险，经济、贸易、金融等各领域均受到严重冲击，国际形势日益复杂。随着各国相继开始采取措施抗击疫情，全球经济正在呈现新的发展态势。本章以全球经济发展、国际经贸往来、国际形势演变及新冠肺炎疫情影响为主要内容，展现全球经济、贸易、金融、政治环境在2020 年的表现与变迁，为银行国际化的探讨明晰背景。

1.1　后疫情时代，世界经济陷入深度衰退

2020 年，受全球新冠肺炎疫情的影响，全球经历了自 20 世纪 30 年代大萧条以来最为严重的衰退。全球经济严重受挫，全球 GDP 降至 -3.59%，为近 10年以来首次负增长；全球贸易、制造业等陷入低谷，全球贸易大幅下降；外国直接投资（FDI）断崖式下跌。

1.1.1　全球 GDP 负增长

自 2008 年国际金融危机的影响逐渐蔓延至各国以来，全球经济的增长便持续乏力，截至 2019 年末，全球 GDP 在总量上虽保持增加，但增速下降趋势明显。2020 年以来，新冠肺炎疫情先后在中国、欧洲、美国以及新兴市场（俄罗斯、巴西、印度和非洲）等地暴发，各国均采取严格的社交管控措施，暂停经济运行，以应对新冠肺炎疫情的蔓延，造成全球经济深度衰退。世界银行数据显示，2020 年全球 GDP 总量约为 81.913 万亿美元（根据 2010 年不变价美元计算），增速为 -3.59%，同比下降 5.93 个百分点，是自 2008 年国际金融危机以来首次实现负增长（见图 1-1）。

2020 年，发达经济体相继陷入深度衰退（见图 1-2）。以主要发达经济体（G7 集团）为例，2020 年 G7 集团 GDP 总量约为 38.63 万亿美元，实际 GDP平均增速约为 -5.0%，同比降低 6.5 个百分点。其中，英国经济衰退最为严重，在新冠肺炎疫情和"脱欧复杂性"的双重压力之下，英国实际 GDP 增速为 -9.9%，创下了自 1949 年以来的增速新低，更是 2008—2009 年国际经济危机时经济降幅的 2 倍。除英国外，意大利和法国受疫情冲击也较为严重，2020年实际 GDP 增速分别为 -8.9% 和 -8.2%。值得注意的是，美国相对其他经济体受疫情影响相对较小，是 G7 中实际 GDP 增速衰退幅度最小的经济体，但纵向比较可以发现其 -3.5% 的增速依旧创 1946 年以来新低。

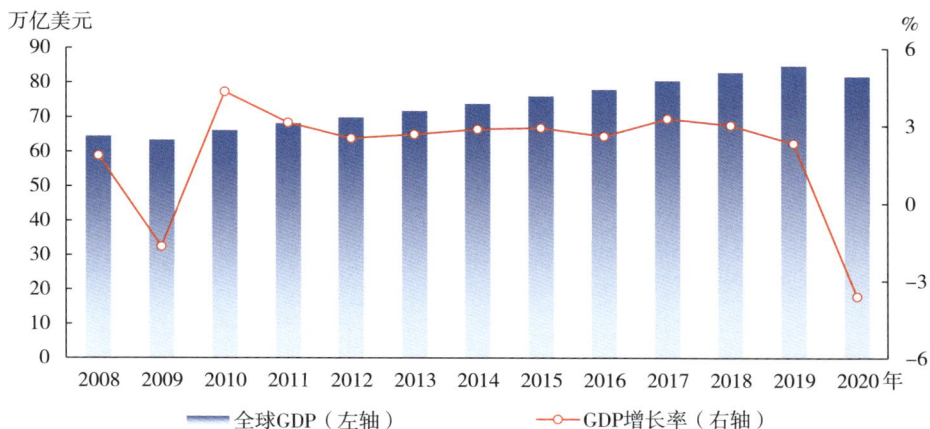

图 1-1　2008—2020 年全球 GDP 及其增速

（资料来源：浙大 AIF，世界银行）

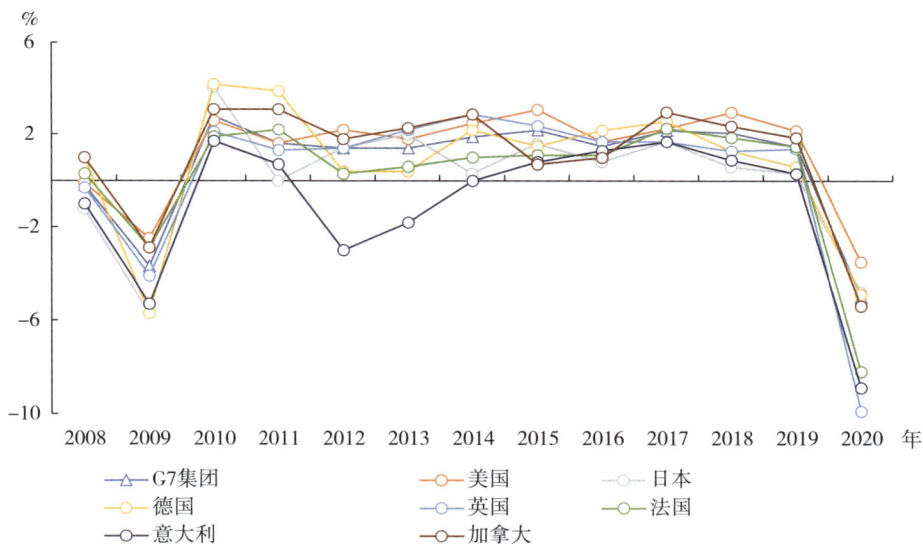

图 1-2　主要发达经济体实际 GDP 增速

［资料来源：浙大 AIF，国际货币基金组织（IMF）］

　　与发达经济体相比，新兴市场和发展中经济体受新冠肺炎疫情冲击也较大，但内部分化严重（见图 1-3）。以中国、印度、俄罗斯、南非、巴西等金砖国家（BRICS）为例，2020 年，五国实际 GDP 增速均值为-2.31%，表现较好于全球实际 GDP 增速-3.3%。但具体而言，五国之间表现差异较大，中国作为全球唯一正增长国家，表现亮眼，成为拉高金砖五国平均 GDP 增速的主要力量；而同为 2020 年十大经济体的印度和巴西表现得却不尽如人意。直至 2020 年下半年，巴西、印度、南非的新冠肺炎疫情依旧严重，尤其是印度的新冠肺炎疫情近乎失控，使得印度 2020 年实际 GDP 增速为−8%，同比下降 12 个百分点。

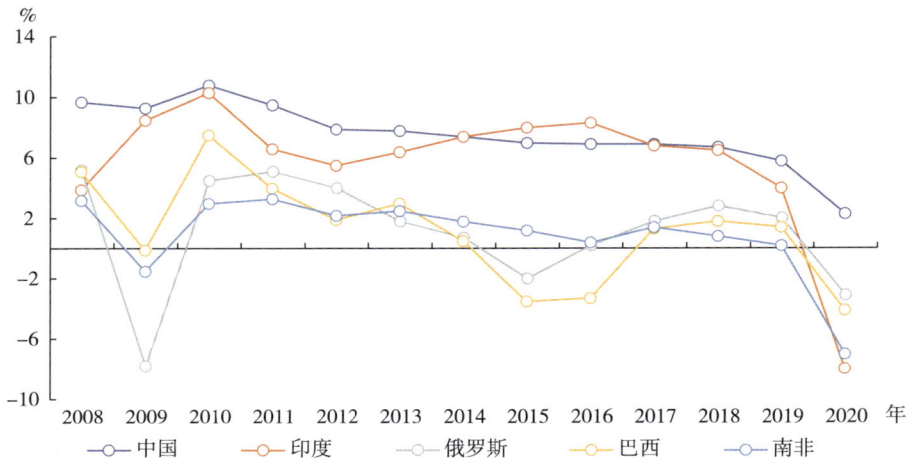

图 1-3　金砖国家实际 GDP 增速

[资料来源：浙大 AIF，国际货币基金组织（IMF）]

1.1.2　国际贸易总额下降

自 2016 年以来，全球货物进出口金额呈现先升后降态势。在 2018 年全球货物进出口金额见顶回落，接下来的两年全球货物进出口金额连续下降，2020 年全球货物进口总额降至 17.81 万亿美元，同比下降 7.63%。2020 年全球货物出口总额降至 177.58 万亿美元，同比下降 7.53%（见图 1-4）。这反映出各国在朝着经济全球化方向不断发展的背景下，中美贸易摩擦、新冠肺炎疫情的冲击、单边主义和保护主义的兴起等诸多因素对国际间贸易的积极发展造成了较大影响。

从进出口贸易差额来看，各个经济体的表现各不相同（见图 1-5）。2020 年，美国、印度、英国、法国等国家均呈现贸易逆差状态：美国自 2010 年以来便长期处于贸易逆差状态，尽管近两年更加重视国内贸易市场，但其逆差仍然居高不下为 0.68 万亿美元，英国和法国也长期处于逆差状态，但逆差额相对较小，分别为 0.02 万亿英镑和 0.08 万亿欧元。其余代表国家与地区在 2020 年出现贸易顺差：欧盟 2010—2020 年以来顺差额呈不断扩大态势，2020 年贸易顺差为 2200 亿欧元。作为新兴市场经济体的重要代表，中国近十年维持着一定水平的贸易顺差，2020 年贸易顺差额达到 5338 亿美元，其中出口贸易差额同比增长 4 个百分点，进口贸易差额与 2019 年基本持平。

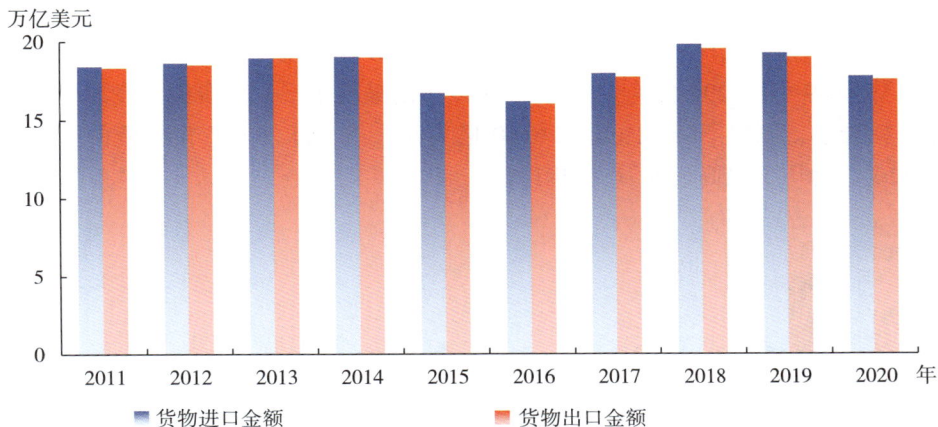

图 1-4　全球货物进出口金额

（资料来源：浙大 AIF，Wind）

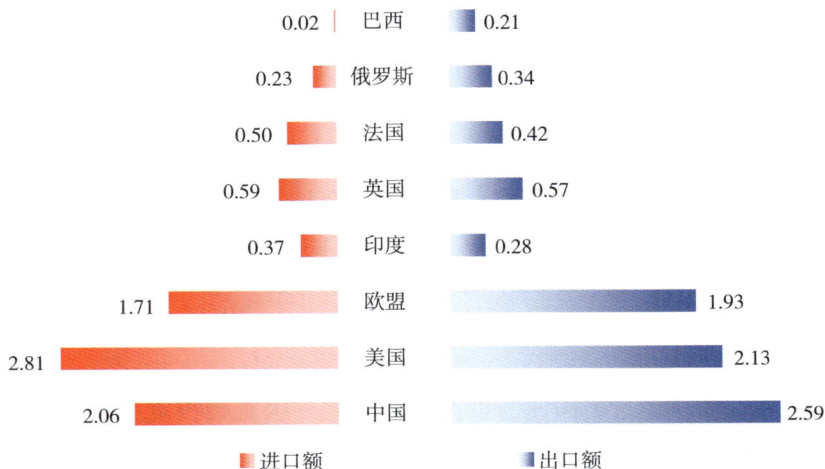

图 1-5　部分国家和地区进出口贸易差额对比（万亿美元）①

（资料来源：浙大 AIF，Wind）

---

① 其中欧盟与法国以万亿欧元计价，英国以万亿英镑计价。

1.1.3　外国直接投资断崖下跌

据联合国贸发会议（UNCTAD）发布的最新一期《全球投资趋势监测》报告，2020 年国际外国直接投资（FDI）大幅下降 42% 至 8590 亿美元，比 2009 年全球金融危机后的低谷时期低 30%。FDI 降幅主要集中在发达国家，同比下降了 69% 至 2290 亿美元，是 25 年以来的最低水平。外资流入发展中经济体降幅较小，同比下降 12%，约 6160 亿美元，占全球外国直接投资的比重高达 72%，为历史最高份额（见图 1-6）。

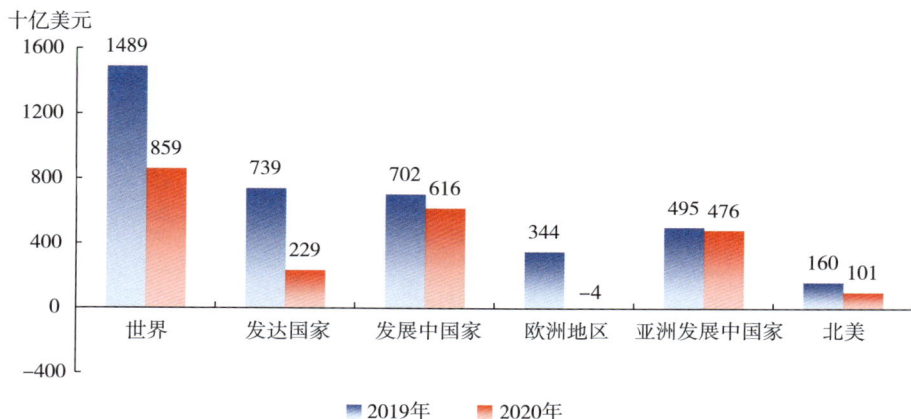

图 1-6　2019—2020 年外国直接投资地区（FDI）

（资料来源：浙大 AIF，Wind，UNCTAD）

2020 年，对欧洲地区的外国直接投资几近枯竭，欧盟地区外国直接投资锐减 2/3，从 2019 年的 3730 亿美元降至 1100 亿美元。从各主要国家来看：在 27 个欧盟成员国中，有 17 个国家的外国直接投资急剧下降，这其中包括德国、意大利、奥地利和法国。此外，英国的外国直接投资流入从 2019 年的 450 亿美元降至 13 亿美元。

2020 年，中国超过美国成为世界上最大的外国直接投资接受国。在新冠肺炎疫情大流行的早期阶段，受疫情影响，中国的外国直接投资流入急剧下降，但疫情在中国得到有效控制，外国直接投资流入呈显著上升趋势，截至 2020 年末，中国 FDI 逆势增长 4% 至 1630 亿美元。其中对外国直接投资在高科技产业增长 11%、在跨境并购项目上增长 54%（主要在信息通信行业 ICT 和制药行业）。

1.2　量化宽松再度重启，隐患不容忽视

各国为了稳定经济，以美联储为代表的各国央行实施了前所未有的超宽松货币政策，为市场注入流动性。然而，新冠肺炎疫情导致经济活动冷却，货币流动速度下降，总需求并未增加，全球主要经济体通货膨胀率普遍下降。除此之外，大规模宽松政策带来的副作用和后遗症，如债务水平大幅攀升等需要各国给予充分重视。

1.2.1　全球货币政策宽松

面对新冠肺炎疫情的冲击，各国政府果断采取宽松的货币政策以挽救经济。其中，以美国美联储为代表的四大央行采取了降息、降准、购买国债等一系列宽松的货币政策。中国央行也果断采取降准，引导 LPR 贷款利率下行、向中小企业提供再贷款并对到期贷款实行临时性延期等手段。

为应对疫情带来的影响，实现最大就业和价格稳定的目标，美国于 2020 年 3 月 3 日与 3 月 15 日分别调降联邦基准利率 50 个基点与 100 个基点，将联邦基金利率目标区间大幅下调至 0～0.25%。英国央行则于 2020 年 3 月 11 日与 3 月 19 日分别调降基准利率 50 个基点与 15 个基点至历史低位。日本和欧盟自 2016 年以来分别一直维持-0.1% 与 0 的基准利率不变（见图 1-7）。

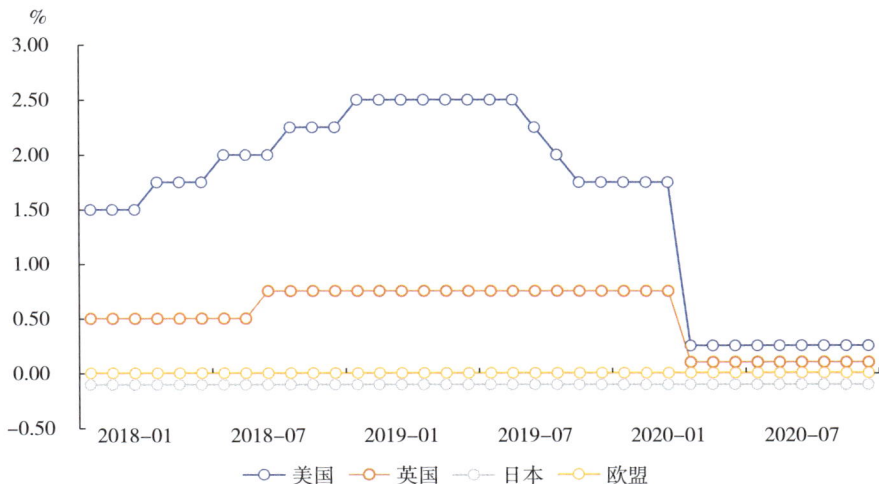

图 1-7　世界四大央行基准利率

（资料来源：浙大 AIF，Wind）

与此同时，在全球央行宽松的货币政策下，股票市场呈现先降后升的态势。2020 年第一季度，全球主要经济体股市整体下行，以美国为主要代表的多国股市多次触发熔断，美国三大股指第一季度平均下跌 19.37%；欧洲股市方面，英国富时 100、法国 CAC40 指数、德国 DAX 指数第一季度平均下跌 25.42%；中国股市在第一季度下跌幅度达到 6.79%。不过，自第二季度开始，全球股市开始反弹，截至 2020 年 12 月 31 日，美国标普 500 指数以近 3750 点的历史新高收官，中国上证综指涨 1.7% 创阶段新高 3473.07 点，这与疫苗的宽松的货币政策不无关系。

1.2.2　全球通货膨胀率普遍下降

尽管股票和信贷等其他资产类别能够在 2020 年第一季度的低点之后迅速回升至多年趋势水平，但许多大宗商品无法走出负值。从图 1-8 可以看出，与 2019 年相比全球主要经济体通货膨胀率均有所下降，其中部分经济体（如日本）出现了通货紧缩。导致新冠肺炎疫情及疫情防控使各国供给和需求同时减少，但是通货膨胀率普遍下降的现象表明，各国需求受到的负面影响更大，全球宏观经济形势总体上表现为总需求不足。

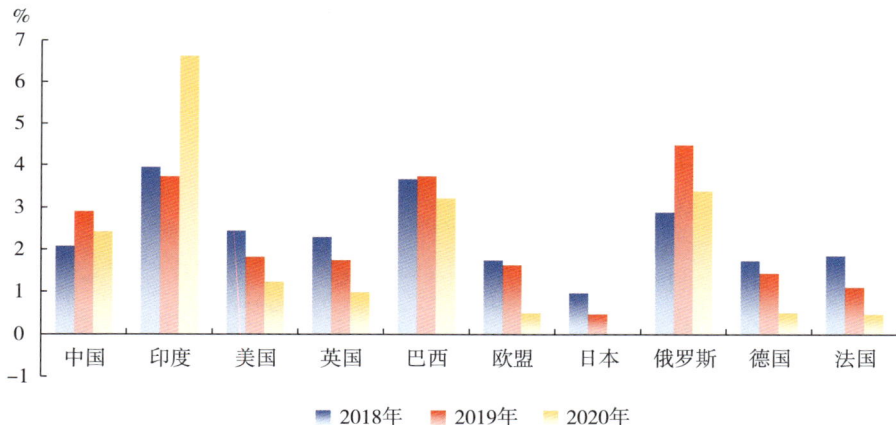

图 1-8　2018—2020 年全球主要发达经济体通货膨胀率（按消费者价格指数衡量）

（资料来源：浙大 AIF，世界银行）

横向对比可以发现新兴市场和发展中经济体通胀水平整体高于发达经济体，大多在 2% 以上。2020 年，中国（2.40%）、俄罗斯（3.38%）、巴西（3.21%）通胀水平均温和下降，印度则连续出现较大幅度上涨，2020 年大部分月份印度通货膨胀率均超过印度央行设定的 6% 通货膨胀目标上限，特别是

2020 年 10 月印度通货膨胀率达到 7.6%，创下 6 年来的最高水平，这一高通胀、低增长的状态也使印度货币政策陷入两难境地。

1.2.3　债务危机隐患再现

各种宽松货币政策及财政政策虽然缓解了经济衰退带来的危机，但在一定程度上也加大了政府杠杆和财政赤字负担。2020 年全球政府债务水平大幅度攀升，且发达经济体政府债务水平上升幅度明显高于新兴市场和发展中经济体：发达经济体政府总债务与 GDP 之比从 105.3% 升高至 125.5%，提高了 20.2 个百分点；中等收入经济体总债务与 GDP 之比从 52.6% 升高至 62.6%，提高了 10 个百分点；低收入发展中国家则提高了 5.5 个百分点（见图 1-9）。

值得注意的是，由于 2020 年美国采取超宽松的货币政策，使得美国联邦政府债务总量激增，从 2019 年的占 GDP 总量 109% 升高至 131%，达到 27 万亿美元，占全球债务总量约 9%。与之相比，中国政府债务占 GDP 总量较小，2020 年仅为 66.8%。不过仍需注意的是，中国总债务与 GDP 的比例较高，2020 年第四季度达到 300%，因此仍需注意防范化解债务风险。

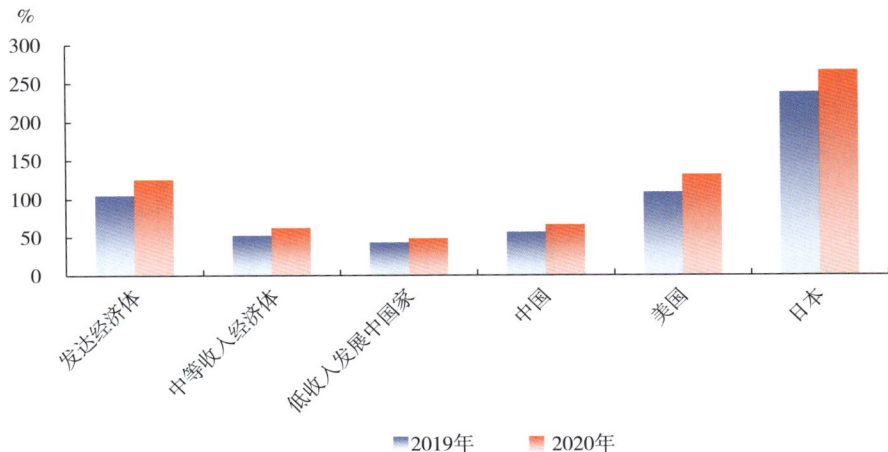

图 1-9　政府总债务与 GDP 的比例

（资料来源：浙大 AIF，Wind）

总而言之，宽松的货币政策和财政政策大幅度提升了各国的财政赤字，使得政府债务负担飙升，而新冠肺炎疫情对各国经济的正常运作造成了严重的冲击，政府税收收入大幅下降，财政收支失衡或引发新一轮主权债务危机。

1.3　国际形势日益复杂，全球化进程无法阻挡

1.3.1　国际环境冲突加剧

2017 年 3 月，英国批准了"脱欧"法案，正式启动"脱欧"程序。2020 年 1 月 31 日，英国结束了近半个世纪的欧盟成员历史，进入过渡期。自 2021 年 1 月 1 日起，英国正式步入"后脱欧时代"，意味着英国在政治、经济、外交等领域之于欧盟都已成为"第三国"（即非成员国）。

英国的经济地位下降，部分产业受到冲击。2016 年英国是世界上第五大经济体，但在 2020 年，印度超过英国成为世界上第五大经济体，英国因此变成世界第六大经济体。从较长实践来看，英国 2020 年 GDP 和 2006 年 GDP 都很高，经济停滞的程度可见一斑。同时 2020 年全年，英国经济十年内首次负增长，且为 -9.8%，如此惊人的断崖式下跌，可见英国经济遭受了巨大创伤和冲击。相关内容见图 1-10 所示。

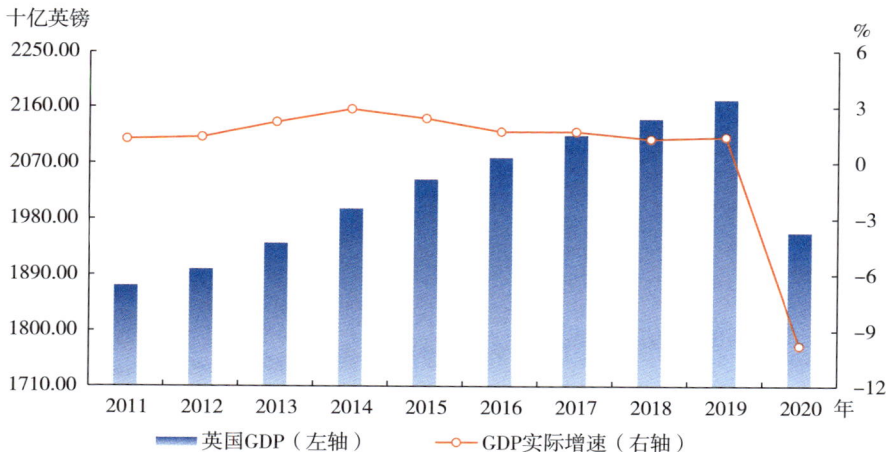

图 1-10　2011—2020 年英国 GDP 及其增速
（资料来源：浙大 AIF，Wind）

英国制造业整体上遭受较大影响，英国制造业连续两年负增长，并且在 2020 年经历断崖式下跌，跌幅达到 10.3%，英国的制造业增长已经降至 17 年来的最低水平（见图 1-11）。汽车制造行业尤其值得关注，根据英国汽车制造商与贸易商协会（SMMT）数据，2020 年，英国汽车产量同比下跌 29% 至

920928 辆，而英国汽车产量上一次跌至 100 万辆以下。

除此之外，在国际收支方面英国也面临两难境地。2011 年至 2019 年末全球新冠肺炎疫情暴发前，英国国际收支呈现出"经常账户长期逆差、金融交易账户长期顺差、整体基本平衡"的格局。然而在 2020 年疫情冲击下金融交易顺差超过经常账户逆差。综观 2020 年全年，英国经常账户逆差达到 739.31 亿英镑，金融交易账户顺差达到 955.16 亿英镑，整体呈现出顺差格局（见图 1-12）。

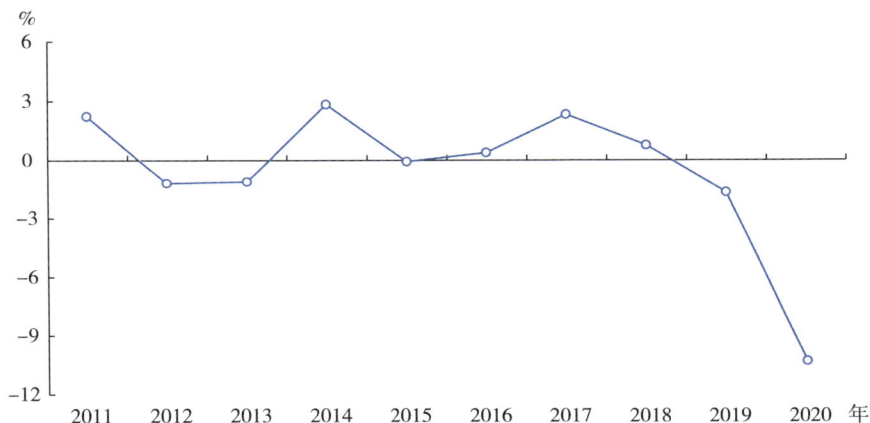

图 1-11　2011—2020 年英国制造业年度增长率
（资料来源：浙大 AIF，Wind）

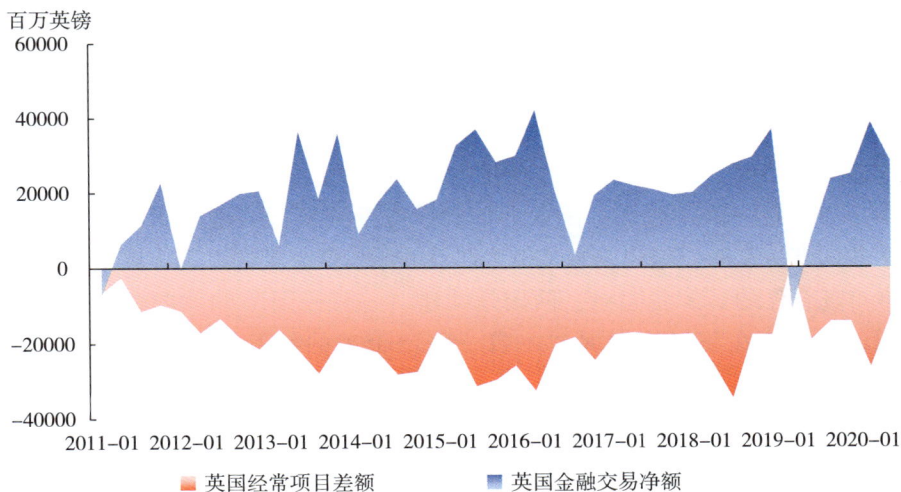

图 1-12　2011—2020 年英国国际收支状态
（资料来源：浙大 AIF，Wind）

由于"脱欧"叠加新冠肺炎疫情的影响，英国经济很可能短期内难以走出负增长的阴影。英国国家统计局最新公布的经济数据显示，英国经济在2021年第一季度萎缩了1.5%，英国经济整体规模比疫情暴发前下降了8.7%。英国国家经济社会研究院（NIESR）将2021年英国经济增长预期从之前的5.9%下调至3.4%，并预计英国经济到2023年末才能恢复至疫情前的水平。经济合作与发展组织（OECD）认为，到2021年末，英国经济总量将比疫情暴发前的水平大约缩减6.4%。

欧盟将面临资金缺口和多米诺骨牌效应。欧盟成员国每年都要缴纳一定比例的会费，且会费的缴纳水平还同该国的收入水平呈正相关。因此，经济规模仅次于德国的英国离开欧盟，会给欧盟带来极大的财政压力。相关数据显示，英国这个巨大经济体的离开使欧盟的GDP减少了约3万亿美元，并且英国一国所上缴的会费相当于其他经济较落后的十几个成员国所缴纳的会费总和。对英国来说，原本应该缴纳的会费可以被用于教育、医疗、高新科技研发等事项上。然而欧盟缺少了英国的巨额会费，会使欧盟内部成员国在制订接下来的预算计划时的博弈变得愈加激烈，毕竟在缴钱这种事上谁都不想分担更多。

同时，英国脱欧加之民粹主义的横行可能会产生"示范效应"，导致更多成员国离开欧盟。欧盟接下来应该警惕英国脱欧带来的多米诺骨牌效应，安抚其余的成员国，尽快解决由于英国离开而带来的不良影响。

2020年9月，英国发布声明称，英日两国达成双边自贸协定。这是英国退出欧盟后，作为一个独立的贸易国签署的首个主要贸易协定，也是英国40多年来首次制定的一项独立于欧盟之外的新贸易政策。

中国或将成为英国发展的最大机遇。英国是中国在欧洲的第三大贸易伙伴，也是中国在欧洲重要的投资目的地。中国日益优良的营商环境对英国投资者有着巨大吸引，这些都是中英双方共同利益的基石。值得关注的是，英国积极参与"一带一路"建设，是亚洲基础设施投资银行的创始成员国，与中国携手共同支持基础设施建设和其他生产性领域投资。英国已与中国签订开展第三方市场合作的谅解备忘录，两国是共建"一带一路"的重要合作伙伴。可以说，英国正在积极地把握"一带一路"带来的新发展机遇，迎接下一个"黄金时代"的到来。

1.3.2　全球化进程无可阻挡

经过历时8年的谈判，2020年11月15日，中国、东盟十国、日本、韩国、澳大利亚、新西兰15个国家正式签署区域全面经济伙伴关系协定

（RCEP），全球规模最大的自由贸易协定正式达成。

2020 年逆全球化潮流冲击整个全球体制，国际贸易保护主义、单边主义盛行，加之新冠肺炎疫情席卷全球，极大冲击和破坏全球产业链、供应链。在这样一个困难时期，RCEP 的签署在一定程度上消除了区域经贸壁垒、深化经济技术合作、降低贸易争端，积极打造了一个公开、透明、公平竞争的市场。

综观 2020 年全年，中国对 RCEP 成员国出口规模高达 7007 亿美元，约占中国出口总额的 27%，进口额达 7779 亿美元，约占中国进口总额的 37.8%，来自 RCEP 成员国的投资额占中国实际使用外资超过 10%。RCEP 是中国继加入 WTO 后又一重大开放成果，极具里程碑意义，标志着建立多极世界格局的开始。

覆盖人口数量多，经济规模大，经济投射能力强。2020 年，RCEP 15 个成员国（未含印度，下同）涵盖全球约 22.8 亿人口数量，在全世界人口数量中占比 29.5%；分别为欧盟、北美自贸区以及非洲大陆自贸区等大型世界经济区域一体化人口数量（见图 1-13）的 4 倍、3.6 倍和 1.78 倍。15 个成员国 GDP 总和超过 25.8 万亿美元，占据全球近 1/3 的体量；同时，分别为欧盟、北美自贸区 GDP 的 1.65 倍和 1.05 倍。RCEP 无疑是覆盖人口最多、经贸规模最大的区域。

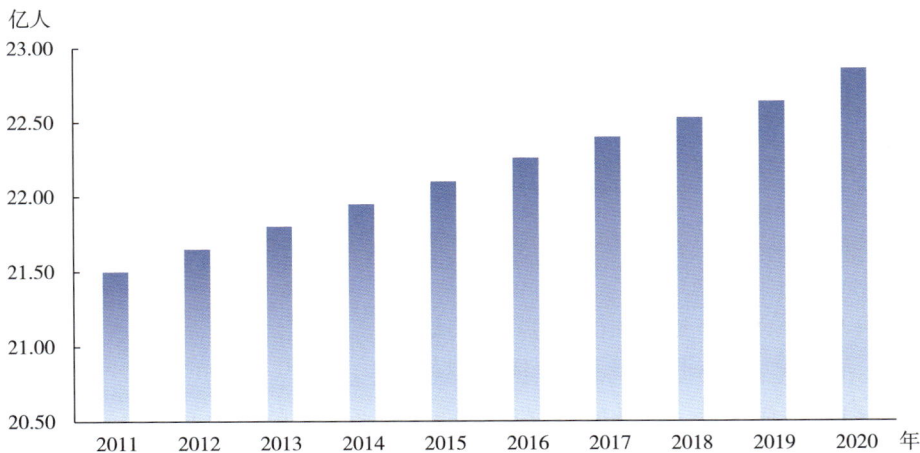

亿人

图 1-13　2011—2020 年 RCEP 15 个成员国人口数据统计
（资料来源：浙大 AIF，Wind）

成员国整体发展水平分化程度大、包容性强。仅从成员国的贫富差距来看，区域内既有日本、澳大利亚、新加坡等高度发达国家，也有如老挝、柬埔寨和缅甸等非常贫困的国家。同时，15 个 RCEP 成员国在历史、文化、社会制度、意识形态、宗教信仰等多个维度各具特色，呈现多样化、多元化态势。因此，RCEP 在协议上也给相关国家安排了一定的过渡期，为这些成员国提供更有利的条件以更好融入区域经济一体化。RCEP 极强的包容性无疑与当今世界开放包容、多元互鉴的主旋律相契合。

发展快、潜力大、回报高。据美国彼得森国际经济研究所（PIIE）测算，到 2030 年，RCEP 有望带动其成员国出口净增加 5190 亿美元，国民收入净增加 1860 亿美元；另据亚洲开发银行（ADB）公布的报告，到 2025 年，RCEP 将为全球创造 6440 亿美元的经济增长额（相当于全球 GDP 总量的 0.6%）。

除了 RCEP，目前国际上主要区域经贸关系协定还包括欧盟（EU）、全面与进步跨太平洋伙伴关系协定（CPTPP）等。为了统一数据比较的口径，排除数据缺失对结论的影响，现选择 2019 年 15 个 RCEP 成员国的数据与 CPTPP 和 EU 进行比较。2015 年至 2019 年，RCEP 区域经济增速达到 5.20%，远超 CPTPP（2.20%）、EU（2.30%）的增速（见表 1-1），也显著高于全球平均经济增速（3.40%）。可见，RCEP 的签署有巨大的高回报潜力。

表 1-1　2015—2019 年 15 个成员国 RCEP、CPTPP 和 EU 数据对比

项目	RCEP	CPTPP	EU
覆盖国家个数（个）	15	11	27
人口数据（亿人）	22.62	5.08	4.48
经济增速（%）	5.20	2.20	2.30
出口金额（十亿美元）	5481	2942	5815
进口金额（十亿美元）	4956	2851	5532
外商直接投资（十亿美元）	364	276	388
对外直接投资（十亿美元）	441	368	424

资料来源：浙大 AIF，Wind，IMF，World Bank，WTO。

注：经济增速为 2015 年至 2019 年 GDP 增速，以各国购买力平价 GDP 的加权平均。

RCEP 或成为进一步推进中国新一轮高水平开放的重大平台、重要抓手。当前，中国正全面布局双循环新发展格局，以推动经济高质量发展。具体来说，双循环新发展格局是以国内大循环为主、国内国际双循环联动、相互促进，来共同实现国民经济的高质量发展。目前来看，中国在 RCEP 下的对外开放将呈现出大规模、高水平、强力度等特点。从货物贸易壁垒减让的角度来看，中国将对其他 14 个成员国的 90% 以上的商品逐步减免进口关税；从服务

贸易壁垒减让的角度来看，中国将其他 14 个成员国的服务产品采取"负面清单"的减让模式，承诺将开放 122 个部门，远多于中国加入 WTO 时承诺的 100 个部门（见表 1-2）。

表 1-2　2011—2020 年度中国与 RCEP 成员国双边贸易往来一览表

年度	与中国的贸易额（百万美元）					占当年中国外贸额的比重（%）
	东盟 10 国	澳大利亚	日本	韩国	新西兰	
2011	363089	116583	342834	245626	8718	29.60
2012	400146	122346	329456	256415	9675	28.90
2013	443598	136508	312378	274238	12385	28.40
2014	480286	136777	312132	290442	14243	28.70
2015	471766	113817	278519	275792	11503	29.10
2016	452376	108222	275081	252703	11909	29.90
2017	515453	136447	303053	280257	14491	30.40
2018	587694	153141	327709	313400	16858	30.30
2019	641693	169519.00	315013	284533	18294	31.20
2020	685076	168319.00	317538	285264	18126	31.70

资料来源：浙大 AIF，Wind，中国国家统计局。

　　RCEP 正式生效后，中国企业将接受来自日本、韩国、新加坡、澳大利亚等国的挑战。虽然目前中国已是亚洲产业链和供应链的核心枢纽，但在全球价值链中仍处于中低端，中国唯有利用好 RCEP 这一重大平台、重要抓手不断创新、努力进取，才能将我们的比较优势转化为绝对优势，一方面巩固在亚洲产业链和供应链的龙头位置，另一方面向世界价值链的上游攀登。

　　RCEP 将推动世界形成"三足鼎立"的区域化格局。RCEP 的签署巩固了亚太经济一体化的基础，亚太地区的凝聚力以及区域合作的趋势将指日可待的增强，由此可以降低对美国等区域外经济体的经贸依赖度。RCEP 代表的世界最大自贸区一旦建成，自贸区内部的经贸往来会逐步扩大，因此世界将形成北美、欧洲、亚太地区"三足鼎立"的区域化经贸格局，进而对世界政治格局产生巨大影响。

第 2 章　Chapter 2

履霜坚冰　驯致其道

Will De-globalization Disrupt
Banks' International Expansion?

银行国际化指数构建

继 2015 年 9 月 20 日在北京首次发布"银行国际化指数"（Bank Internationalization Index，BII）以来，浙江大学金融科技研究院已领衔发布《2015 中资银行国际化报告》《2016 中资银行国际化报告　对标国际一流》《百舸争流　驰骋国际市场的中外资银行》《本土化还是国际化　2018 全球银行国际化报告》《顺时而谋，十年一剑　全球银行业国际化报告》《风云渐起，图之未萌 2020 全球银行业国际化报告》、*In Pursuit of Presence or Prominence? The Prospect of Chinese Banks' Global Expansion and Their Benchmarks* 中文著作 6 本、英文著作 1 本，BII 也已上线 Wind 平台。本章将从 BII 的定义内涵出发，对其指标体系、研究对象、数据处理进行介绍。

2.1　BII 定义及内涵

BII 本意是衡量银行的国际化发展水平，严格来看，金融机构的国际化不仅体现在其境外业务的扩张及境外分支机构的设立上，更为重要的是，还体现在其对国际金融市场中话语权与定价权的掌握上。同理，银行的国际化发展也包含"硬实力"与"软实力"两个方面的整体提升。"硬实力"通过具体的数字得以体现（如境外分支机构数量、境外资产、境外营业利润等），可以展示一家银行国际化的基本水平；而"软实力"则无法通过简单的量化指标完全展现（如在国际金融业界的话语权、定价权等），且"软实力"的发展是国际化发展的更高水平。但因"软实力"衡量标准难以确定，报告暂时以"硬实力"为主要描述对象，其所述"银行国际化"是指商业银行基于商业利润目标，积极在海外拓展分支机构、参与跨境并购，形成广泛国际网络，全面发展境外存款、贷款、国际结算等国际业务的过程。

因此，应对 BII 的内涵做如下解读：如果某家银行的境外业务为其全部业务，即该家银行的所有活动均在境外进行，完全以国际市场作为自己的发展市场，则其指标得分值应为 100 分；反之，若其经营活动完全不涉及国外市场，所有业务均在国内进行，则其指标得分值应为 0。所以 BII 的数值越大，表明该银行在经营活动中越多地参与到了国际市场中，其国际化程度便越高。当然，一家银行若是有国际化发展的必要，其国际化发展必然会经历由国内市场到国际市场的过程，一般而言，大多数银行不会放弃国内市场而完全依赖国际市场谋求发展，因此，并不会出现某家银行的 BII 得分高达 100 分的情况。

与此同时，报告多年来也在尝试对银行国际化的"软实力"进行讨论，本期报告在依托 BII 体系评价银行国际化水平的同时，也通过结合银行品牌价值来辅助理解银行的全球话语权问题，并从国家视角观察银行国际化的成长路径，以深度案例探讨银行国际化的未来空间。

2.2 BII 指标编制原则

本书编制 BII 以系统性、科学性与动态可调整性为总体原则，从指标选取到模型建立，均在专家团队的指导下进行，以确保对全球银行国际化水平的客观、合理衡量。

第一，全面性和系统性相结合。报告在选取 BII 指标时除关注银行进入海外市场的方法、路径外，还强调了银行进入境外市场后的业务开展状况，力图使 BII 既反映银行在世界范围内的覆盖广度，又体现其某一地区的发展深度。尽可能合理、真实、全面地反映中外资银行在境外的发展情况。在注重单个指标概念与内涵的同时，也注意了指标之间的系统性和相关性，使整个指标体系多元统一，从不同角度、不同层次对各家银行国际化做出综合反映。

第二，坚持科学性与可操作性。BII 的设计，基于传统国际金融、公司金融和商业银行经营管理理论，结合中外资银行海外发展的现状和特点及具体案例，既揭示了银行国际化的普遍规律，又反映出不同类型银行海外发展的差异性。同时，为更好地了解中外资银行海外发展的现状，报告尽可能地确保数据的可得性与可操作性，对于少量无法直接获取的数据，结合已有数据和信息进行估算，提高数据可信度。

第三，兼顾稳定性与灵活性。为确保评估结果的现实解释力和可持续性，BII 的指标及其权重设法保持了一定的稳定性，减少频繁变动，但稳定并不意味着僵化。金融机构的国际化是一个长期战略，其海外发展在不同阶段也有着各自的特征。为准确、客观地反映中外资银行国际化进程，报告在编制 BII 指标及其权重时会与其国际化实践相结合，在不同阶段做出动态调整。

2.3 BII 研究对象

BII 以全球银行为主要研究对象，历经六年，银行池不断扩大。2020 年，报告关注了 40 个国家和地区近 150 家银行的国际化发展情况，并对其中数据较全面的 77 家银行进行了 BII 测算，这 77 家参与 BII 测算的银行总资产规模达 80 万亿美元，占全球银行业资产规模的 60% 以上。

与此同时，考虑到各家银行规模、国际影响力的巨大差异，报告将 86 家银行分为全球性银行与区域性银行两大类别，分别对其进行 BII 排名，以尽可能保证科学性与实践性的统一。全球性银行共 42 家，来自 13 个国家，包含了全球系统重要性银行（G-SIBs）与《银行家》TOP50 银行中的主要金融集团，代表着最具全球影响力的银行梯队。区域性银行共 35 家，来自 21 个国家，重点关注以金砖国家（BRICS）为代表的新兴市场力量与"一带一路"沿线国家的银行发展（见表 2-1）。

表 2-1　BII 银行池

全球性银行（Global Banks）		
欧洲地区 德国：德意志银行 俄罗斯：俄联邦储蓄银行 法国：巴黎银行、BPCE 银行集团、法国农业信贷、法国兴业银行 荷兰：荷兰国际集团 瑞士：瑞信银行、瑞银集团 西班牙：西班牙国际银行 意大利：联合信贷集团 英国：巴克莱银行、汇丰银行、苏格兰皇家银行、渣打银行	**亚洲及中东地区** 日本：日本瑞穗金融集团、三菱东京日联银行 中国：光大银行、交通银行、民生银行、浦发银行、兴业银行、招商银行、中国工商银行、中国建设银行、中国农业银行、中国银行、中信银行	
	美洲地区 加拿大：道明信托银行、丰业银行、加拿大皇家银行 美国：道富银行、高盛集团、富国银行、花旗银行、美国银行、摩根士丹利、摩根大通、纽约梅隆银行	**澳大利亚与非洲地区** 澳大利亚：澳联邦银行、澳新银行、西太平洋银行
区域性银行（Regional Banks）		
欧洲地区 瑞典：北欧联合银行 斯洛文尼亚：新卢布尔雅那银行	**美洲地区** 巴西：巴西银行、布拉德斯科银行 加拿大：加拿大帝国商业银行	**大洋洲及非洲地区** 澳大利亚：澳大利亚国民银行 南非：莱利银行、南非标准银行
亚洲及中东地区 阿联酋：阿布扎比银行、马士礼格银行 土耳其：土耳其担保银行 巴基斯坦：Allied 银行、Habib 银行、MCB 银行 新加坡：大华银行、华侨银行、星展银行 巴林：国民联合银行 以色列：以色列工人银行 印度尼西亚：印度尼西亚人民银行、亚洲中央银行、印度尼西亚国家银行、曼迪利银行		哈萨克斯坦：哈萨克斯坦人民银行 韩国：友利银行 马来西亚：马来亚银行 印度：巴罗达银行、印度银行 孟加拉国：锡兰商业银行、伊斯兰银行 约旦：阿拉伯银行 泰国：盘谷银行、暹罗商业银行 中国：广发银行、平安银行

资料来源：浙大 AIF。

2.4　BII 数据处理

报告的分析数据均来自各家银行的公开年度报告。对同时发布 A 股和 H 股年报的中资银行，选取其 A 股年度报告作为原始资料来源；外资银行的年报，以美国证监会网站及各家银行官网披露文件为准。

报告对国际化的考察主要为"境外地区"，对中资银行而言，港澳台均以境外地区计算，主要是考虑到港澳台的市场规则、开放程度等更接近国际市场，中资银行在这些地区的业务尝试与探索也是对国际市场的接触与适应。而外资银行的 BII 在测算过程中则可能受到数据可得性的限制，如有多家银行在年度报告中，将境外数据归入其他地区统一报告，无法进行详细区分，报告将对此类银行境外地区的数据予以近似处理。

对于数据缺失的情况，报告采取两种方式进行处理。一是对数据缺失时间较短（1~2 年）、有平稳发展规律的指标数据，采用适当增长率的方法进行合理估计，估值尽可能地考虑发展趋势和各类影响因素。虽然估计值会与真实值有所出入，但其差异较小，不会对 BII 造成实质性的影响。二是对数据缺失年限较长、无法进行合理估值的银行数据，报告会将相关银行从 BII 计算样本中重新放入银行观察池，等其数据完善后再次纳入国际化评价体系。

值得注意的是，BII 体系是开放且保持动态调整的。一方面，随着越来越多的银行走向国际市场，会有更多银行机构对境外数据进行披露报告，信息的透明度会大大提高；另一方面，报告也将不断考察，将更多适宜的指标纳入 BII 的评价体系当中，依据各阶段的现实情况对指标体系进行调整和完善，力求提高银行国际化指数的准确性和科学性，为全球银行的国际化经营提供更多、更好、更直观的决策依据。

从BII表现解读全球银行国际化

银行国际化指数（BII）从境外资产积累、境外经营成果、全球区域布局三个方面衡量全球银行的国际化水平。本章将从全球性银行与区域性银行的BII排名入手，深入分析全球银行在上述三个方面国际化上呈现的特点。

3.1　全球银行国际化水平

为了更加科学地分析全球银行的国际化水平，本节对42家全球性银行与35家区域性银行总计77家银行的BII排名进行考察与对比分析。从纵向对比来看，2011—2019年全球银行国际化水平呈现稳步上升态势，但于2020年急剧下降。从横向对比来看，2020年全球性银行BII排名较往年变动不大，仍然以发达国家银行为第一梯队；值得注意的是，区域性银行BII排名的变动较大，第一梯队名单较上年发生"大洗牌"，来自不同国家和地区的银行均展现了一定的国际化水平。

3.1.1　十年一剑：全球银行BII发展

从历史发展的视角来看，全球性银行与区域性银行的国际化水平在2011年至2019年均实现了稳步提升，每年的平均增速约为1%，但在2020年均急剧下降至十年来最低水平，且全球性银行的降幅大于区域性银行的降幅（见图3-1）。

全球性银行是指系统重要性银行或《银行家》杂志公布的TOP50银行，其BII平均数值在2011年已达26.56分，而后经过了两年的平稳波动时期，于2014年突破27分并连续三年稳定在28分上下，继而自2017年再度增长至突破28分并连续三年保持稳增长态势，至2019年达到29.18分，为十年来国际化最高水平，2020年BII指数急转直下至24.70分，为十年来国际化最低水平，相比上年下降15.35%。

区域性银行来源丰富，既包括美国、加拿大、澳大利亚、日本、韩国、瑞典和新加坡等发达国家，又包括中国、巴西、俄罗斯、印度和南非等金砖国家以及泰国、土耳其、阿联酋、巴基斯坦和印度尼西亚等"一带一路"沿线国家，其BII平均数值在2011年为16.54分，在之后的两年内实现了平稳增长并于2014年实现超越17分的突破，在2015年有所回落，继而在其后的四年内实现了平稳增长，至2019年达到17.22分，但2020年BII指数大幅回落至14.40分，为十年来最低水平，相比上年的BII均值下降了16.38%。

图 3-1　2011—2020 年全球银行 BII 均值

（资料来源：浙大 AIF）

对比全球性银行与区域性银行的 BII 数据可知，近十年来两类银行国际化水平的差距先缩小后扩大进而又缩小。2012 年两类银行的 BII 分数差距不足 10 分，而后呈现逐步扩大的态势，2017—2019 年稳定在 11 分以上，2020 年则下降至 10.30 分，基本回归 2010 年的水平。在倍数关系上，两者差距呈现略为相反的变化趋势，但数值变动幅度不大，基本稳定在 1.60 倍至 1.69 倍，但在 2020 年上升至十年来最大值 1.72 倍。值得注意的是，2011—2019 年无论是两类银行 BII 均值的缓慢增长，还是差距的长期稳定，均在一定程度上反映了银行国际化具有时间积累特征，全球化经营的成果需要较长时间的准备与铺垫，具有厚积薄发的特征。然而 2020 年两类银行的 BII 均值和差距均急剧下降，反映了全球银行业受到新冠肺炎疫情这一"黑天鹅"事件的极大负面冲击，跨境发展受到严重阻碍，且由于业务范围的广泛性，全球性银行受到的负面冲击大于区域性银行。此外，近年来全球经济的低迷和逆全球化力量的抬头对两类银行的国际化发展产生了巨大影响，其中区域性银行的 BII 均值始终低于全球性银行，说明其抗风险能力相对较弱，国际化发展的难度更大。

3.1.2　头部聚集：全球性银行 2020 年 BII 对比

对 42 家全球性银行 2020 年的 BII 分值进行计算，可以得到全球性银行国际化排名（见表 3-1）。2020 年，标准渣打银行（BII 得分 61.60 分）仍然占据全球性银行国际化榜单首位，西班牙国际银行、巴克莱银行、荷兰国际集团、瑞士瑞信银行和汇丰银行紧随其后，BII 得分均超过 50 分，说明上述银行在境外经营的比重大于境内市场，是全球化经营的典范。此外，BII 得分在 50 分以上、40~50 分、30~40 分、20~30 分、10~20 分、0~10 分的银行比例分别为 6：4：7：5：7：13，全球性银行的国际化水平较为平均，在低位有明显聚集。

表 3-1　2020 年全球性银行 BII 排名

排名	全球性银行		BII 得分
1	标准渣打银行	Standard Chartered	61.60
2	西班牙国际银行	Banco Santander	55.79
3	巴克莱银行	Barclays Bank	53.55
4	荷兰国际集团	ING Bank	53.03
5	瑞士瑞信银行	Credit Suisse	52.80
6	汇丰银行	HSBC Holdings	50.96
7	德意志银行	Deutsche Bank	45.60
8	丰业银行	Scotiabank	43.57
9	联合信贷集团	Unicredit Group	42.31
10	法国兴业银行	Société Générale	40.42
11	花旗集团	Citigroup	39.65
12	瑞银集团	UBS Group	34.70
13	加拿大皇家银行	Royal Bank of Canada	34.48
14	三菱东京日联银行	Mitsubishi UFJ FG	33.57
15	美国道富银行	State Street Corp	31.88
16	道明加拿大信托银行	TD Canada Trust	30.38
17	法国农业信贷银行	Groupe Crédit Agricole	30.07
18	高盛集团	Goldman Sachs	28.91
19	法国巴黎银行	BNP Paribas	27.10
20	纽约梅隆银行	Bank of New York Mellon	26.97
21	中国银行	Bank of China	26.87
22	摩根士丹利	Morgan Stanley	24.70
23	摩根大通	JP Morgan Chase	19.17
24	法国 BPCE 银行集团	Groupe BPCE	17.27
25	中国工商银行	Industrial and Commercial Bank of China	17.11

续表

排名	全球性银行		BII 得分
26	澳新银行	Australia & New Zealand Banking Group Limited	16.31
27	美国银行	Bank of America	13.76
28	澳大利亚联邦银行	Commonwealth Bank of Australia	12.88
29	苏格兰皇家银行	Royal Bank of Scotland	10.03
30	交通银行	Bank of Communications	8.55
31	中国建设银行	China Construction Bank	7.87
32	中国农业银行	Agricultural Bank of China	6.61
33	日本瑞穗金融集团	Mizuho FG	6.43
34	富国银行	Wells Fargo	5.25
35	西太平洋银行	Westpac Banking Corporation	4.80
36	上海浦东发展银行	Shanghai Pudong Development Bank	4.36
37	中国民生银行	China Minsheng Bank	4.25
38	俄联邦储蓄银行	Sber Bank	3.68
39	中信银行	China Citic Bank	3.30
40	中国光大银行	China Everbright Bank	2.85
41	中国招商银行	China Merchants Bank	2.72
42	兴业银行	Industrial Bank	1.10

资料来源:浙大 AIF。

全球性银行 TOP20 的 BII 得分均值为 40.87 分,是 21~42 名 BII 得分均值 (9.99) 的 4.09 倍左右,两个梯队的差距明显。第一梯队中,2020 年进入 BII 排名 TOP20 的全球性银行全部来自发达国家,其国际化水平远高于新兴市场国家银行,这是因为发达国家的市场开放较早,国际化发展历史悠久,所以国际化水平相对较高。虽然进入 BII 排名 TOP20 的全球性银行全部来自发达国家,但 2020 年有 1 家中国银行跻身榜单第 21 名且仅与第 20 名相差 0.1 分 (中国银行,第 21 名,BII 得分 26.87 分),虽然排名为仅第 21 名,但仍然昭示了新兴市场国家银行发展的巨大潜力。此外,TOP20 中,亚美两洲共有 8 家银行,欧洲则占据 12 家,渣打银行则连续 7 年位居国际化排行榜之首,英、法、德、荷、意等老牌资本主义国家的国际化区位优势明显。第二梯队的 22 家银行中,全球性中资银行占据半壁江山 (11 家),包括位于 BII 排名 21~30 名的中国银行 (第 21 名,BII 得分 26.87 分),中国工商银行 (第 25 名,BII

得分 17.11 分）和交通银行（第 30 名，BII 得分 8.55 分），其余 8 家则位于 BII 排名 31~42 名，尤其集中于 36~42 名。这 11 家中资银行均为全球系统重要性银行或进入《银行家》资产规模 TOP50，但国际化表现总体较弱，仍具有很大的发展潜力和广阔的发展空间。

3.1.3　百舸争流：区域性银行 2020 年 BII 对比

对 35 家区域性银行 2020 年的 BII 分数进行计算，可以得到区域性银行国际化 BII 排名（见表 3-2）。2020 年，北欧联合银行（BII 得分 52.14 分）继续保持区域性银行国际化榜单首位，阿拉伯银行、巴林国民联合银行分别位列第 2、第 3，BII 得分均超过 40 分，说明上述银行在境外经营的比重与境内市场几乎相当，区域内的国际化程度较高。但与全球性银行相比，区域性银行的国际化水平仍然较低，两者仍存在明显差距。首先，区域性银行 BII 得分在 50 分以上、40~50 分、30~40 分、20~30 分、10~20 分、0~10 分的银行比例分别为 1：2：3：4：6：19，超过一半银行的国际化水平集中在低分区，占比远高于全球性银行。其次，虽然部分高分区的区域性银行的 BII 得分高于部分中低分区的全球性银行，但两类银行的高分区部分的国际化水平仍存在显著差距，全球性银行 TOP20 的 BII 得分均值为 40.87 分，区域性银行 TOP20 的 BII 得分均值为 23.06 分，仅为前者的 1/2 左右。

表 3-2　2020 年区域性银行 BII 排名

排名	全球性银行		BII 得分
1	北欧联合银行	Nordea Bank	52.14
2	阿拉伯银行	Arab Bank	46.51
3	巴林国民联合银行	Ahli United Bank	40.62
4	大华银行	United Overseas Bank	32.80
5	华侨银行	Oversea-Chinese Banking Corporation	32.29
6	新卢布尔雅那银行	Nova Ljubljanska Banka	32.13
7	马来亚银行	May Bank	26.94
8	标准银行	Standard Bank	25.29
9	新加坡星展银行	Development Bank of Singapore	24.43
10	马士礼格银行	Mashreq Bank	23.10
11	加拿大帝国商业银行	Canadian Imperial Bank of Commerce	19.37
12	盘谷银行	Bangkok Bank	16.16

续表

排名	全球性银行		BII 得分
13	澳大利亚国民银行	National Australia Bank	16.09
14	阿布扎比商业银行	Abu Dhabi Commercial Bank	12.92
15	南非莱利银行	Ned Bank	12.63
16	印度国家银行	State Bank of India	10.09
17	巴罗达银行	Bank of Baroda	9.95
18	友利银行	Woori Bank	9.95
19	Habib 银行	Habib Bank	9.02
20	锡兰商业银行	Commercial Bank of Ceylon	8.67
21	巴西银行	Banco do Brasil	6.46
22	印度尼西亚国家银行	Bank Negara Indonesia	5.31
23	KKB 银行——哈萨克斯坦人民银行	Halyk Bank	4.21
24	布拉德斯科银行	Banco Bradesco	3.98
25	以色列工人银行	Bank Hapolim	3.56
26	曼迪利银行	Bank Mandiri	3.35
27	伊斯兰银行	Islami Bank Bangladesh	3.10
28	土耳其担保银行	Turkiye Garanti Bankasi	2.99
29	MCB 银行	MCB Bank	2.54
30	印度尼西亚人民银行	Bank Rakyat Indonesia	2.16
31	暹罗商业银行	Siam Commercial Bank	1.78
32	Allied 银行	Allied Bank	1.58
33	中国广发银行	China Guangfa Bank	0.83
34	亚洲中央银行	Bank Central Asia	0.56
35	平安银行	Pingan Bank	0.55

资料来源：浙大 AIF。

区域性银行 TOP20 的 BII 得分均值为 23.06 分，是 21~35 名 BII 得分均值（2.86 分）的 8 倍多。但区域性银行的 TOP20 来源比全球性银行更加多样，共有来自 15 个国家的银行进入了 TOP20 榜单（全球性银行 TOP20 来自 10 个国家）。其中，总部位于瑞典的北欧联合银行位居区域性银行中国际化水平的榜首；新加坡大华银行、华侨银行、星展银行均进入 TOP10，反映出新加坡亚洲金融中心的地位；南非、马来西亚、印度、泰国、印度尼西亚等国家均有银行进入 TOP20，代表了新兴市场国家的国际金融力量，在未来具有极大的发展潜力。

　　作为"一带一路"倡议发起国，"一带一路"沿线银行的国际化发展尤其值得我们关注。筛选出 26 家近十年数据较为完整的沿线银行计算每年的 BII 得分均值，结果如图 3-2 所示。由图可知，沿线银行的 BII 均值在 2011—2019 年逐年稳步上升，由 12.54 分上升至 14.41 分，提高了 14.91%，国际化水平提升显著；2020 年 BII 均值小幅下跌至 14.38 分，较上年仅下降 0.21%。截至 2019 年 7 月末，"一带一路"倡议已经覆盖 71 个国家，"一带一路"沿线国家人口约占全球总人口的 47.6%，对外贸易额约占全球贸易额的 27.8%1F1F[①]，市场体量庞大，银行国际化前景广阔。2020 年新冠肺炎疫情的肆虐导致各国生产力下降，消费、投资和出口大幅萎缩，由于"一带一路"倡议涉及国家广泛，沿线银行遭遇了巨大的负面冲击，各国银行业的国际化经营受到严重阻碍，导致当年 BII 平均水平出现下降。

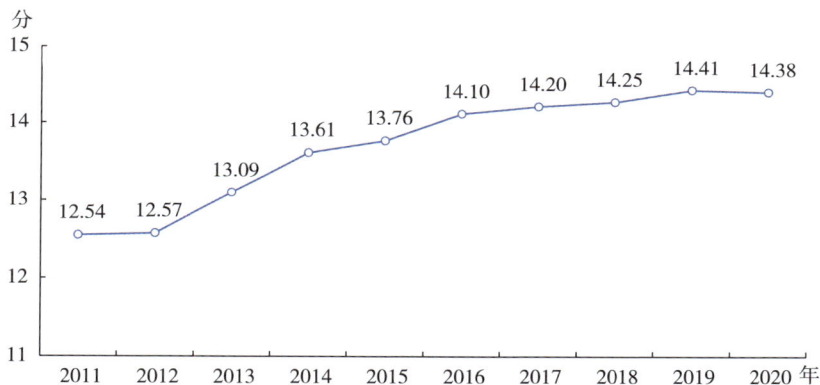

图 3-2　2011—2020 年"一带一路"沿线银行 BII 得分均值[②]

（资料来源：浙大 AIF）

3.2　全球银行境外资产积累

　　境外资产的积累是银行国际化发展的重要基础，反映了银行在境外市场的经营成果。本节将从历史发展的纵向视角、不同银行的横向视角以及独具特色的国家视角考察全球银行的境外资产积累情况。

---

　　① 曾雯麟."一带一路"沿线亚洲国家企业所得税制比较及投资涉税研究［D］. 广东财经大学, 2019.
　　② BII 长期跟踪 90 家"一带一路"沿线国家银行的国际化发展，图 3-2 中 2011—2020 年"一带一路"沿线银行 BII 得分均值根据 26 家沿线银行的十年 BII 的可得数据计算得到。

3.2.1　日积月累：境外资产十年对比

图 3-3 选择了 60 家境外资产数据较全面的银行，对其 2011—2020 年境外资产规模和占比进行计算，得到十年来全球银行的境外资产变动情况。由图 3-3 可知，全球银行的境外资产规模在近十年呈现小幅波动，而境外资产占比呈现波动上升趋势。境外资产规模方面，2011 年全球银行境外资产规模为 15.64 万亿美元，之后 3 年境外资产规模虽然发生微小波动，但始终保持在 15 万亿美元以上，2015—2016 年则出现明显下降，降幅为 7.64%，而后波动回升，至 2019 年全球银行境外资产规模达 16.49 万亿美元，为十年来最高水平，2020 年再度回落至 15.45 万亿美元，较上年下降 6.31%，与 2011—2014 年的境外资产规模基本持平。境外资产占比方面，全球银行境外资产占比在 2011—2014 年呈现稳定增长态势，从 25.23%（2011 年）增长至 26.83%（2014 年），2015—2016 年境外资产占比均值小幅下降至 26.05%，而后 2 年保持平稳，2019 年全球银行境外资产占比均值再度回升至 26.92%，2020 年小幅增长至突破 27% 大关（27.04%），为十年来最高水平，相比 2011 年境外资产占比均值提升了 7.17 个百分点。

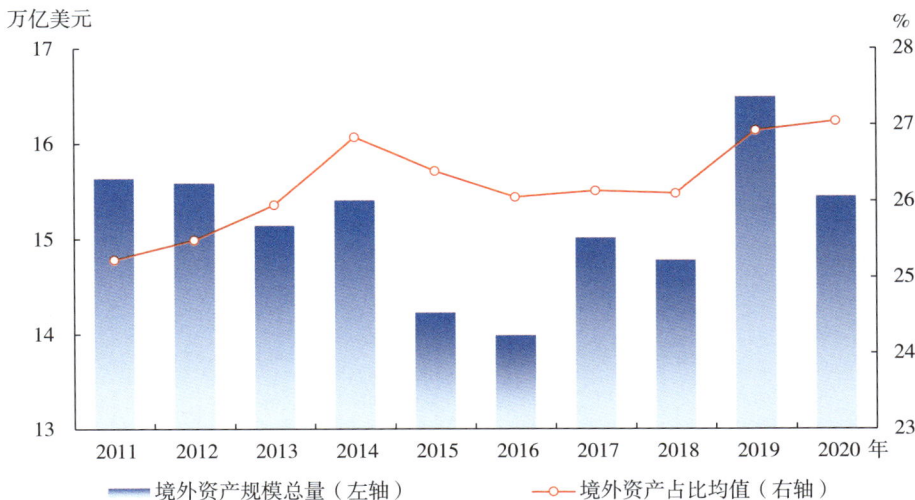

图 3-3　2011—2020 年全球银行境外资产规模与占比①

（资料来源：浙大 AIF，各银行历年年报，国家外汇管理局）

---

①　图 3-3 中的境外资产规模总量和境外资产占比均值根据 60 家境外资产数值可得的银行的数据计算得到，所有银行境外资产规模根据国家外汇管理局公布的当年 12 月 31 日的汇率数据换算为美元。

银行业境外资产具有积累的特征,可以从全球银行境外资产规模的波动中反映出来。首先,银行的境外资产积累需要一个长期的过程,大多需要依托建立境外分支机构或实施跨境并购才能完成,因而境外资产规模与占比在短期内不会发生大幅变化(全球银行境外资产近十年的年均波幅基本不超过 1%)。其次,银行业作为金融市场的重要参与者,境外经营受当地经济政治等因素的影响,一定程度上反映了全球化的变动趋势:2013 年英国首次正式提出"脱欧"公投,境外资产规模总量出现小幅下降;2016 年特朗普当选美国总统后主张逆全球化,银行业境外发展受到一定阻碍;2020 年英国正式"脱欧"加之新冠肺炎疫情的传播,境外资产规模再度回落。最后,境外资产占比与境外资产规模的变动并非同步,占比变动反映的是全球银行在国内外市场中经营的力量分配,近十年基本稳定在 25%~27%,表明国内市场仍占据全球银行经营的主场,对大多数银行而言更为重要。

3.2.2　规模与占比排名分化:全球银行境外资产排名

本节共考察了 77 家样本银行的资产情况,并根据 2020 年境外资产规模与占比的数据对相关银行进行了排名,TOP20 的名单如表 3-3 所示。境外资产规模排名方面,汇丰银行(英国)、西班牙国际银行(西班牙)、三菱东京日联(日本)、中国银行(中国)、荷兰国际集团(荷兰)分别位列第 1~5 名,境外资产规模均值为 1.22 万亿美元,足见欧亚的头部银行表现出色。境外资产占比排名方面,国民联合银行(巴林)、西班牙国际银行(西班牙)、北欧联合银行(瑞典)、荷兰国际集团(荷兰)、标准渣打银行(英国)分别位列第 1~5 名,境外资产占比均值接近 74%,除了国民联合银行的其余四家银行均来自欧洲,可见欧洲地区银行的境外经营具有显著优势。

表 3-3　2020 年全球银行资产规模与占比 TOP20[①]

排名	全球银行境外资产规模		全球银行境外资产占比	
1	汇丰银行	HSBC Holdings	国民联合银行	Ahli United Bank
2	西班牙国际银行	Banco Santander	西班牙国际银行	Banco Santander
3	三菱东京日联	MUFG	北欧联合银行	Nordea Bank
4	中国银行	Bank of China	荷兰国际集团	ING Bank

---

①　表 3-3 中全球银行境外资产规模根据 2020 年 12 月 31 日国家外汇管理局公布汇率数据换算为美元;部分银行未公布当年境外资产数据,以上数据为公开可得数据。

续表

排名	全球银行境外资产规模		全球银行境外资产占比	
5	荷兰国际集团	ING Bank	标准渣打银行	Standard Chartered
TOP5 均值	12204.72 亿美元		73.80%	
6	日本瑞穗金融集团	Mizuho FG	瑞士瑞信银行	Credit Suisse
7	联合信贷集团	Unicredit Group	阿拉伯银行	Arab Bank
8	道明加拿大信托银行	TD Canada Trust	丰业银行	Scotiabank
9	瑞士瑞信银行	Credit Suisse	汇丰银行	HSBC Holdings
10	中国工商银行	Industrial and Commercial Bank of China	联合信贷集团	Unicredit Group
TOP10 均值	9316.63 亿美元		67.30%	
11	法国巴黎银行	BNP Paribas	德意志银行	Deutsche Bank
12	丰业银行	Scotiabank	新卢布尔雅那银行	Nova Ljubljanska Bank
13	标准渣打银行	Standard Chartered	道明加拿大信托银行	TD Canada Trust
14	法国兴业银行	Société Générale	马士礼格银行	Mashreq Bank
15	三井住友银行	SMBC	大华银行	United Overseas Bank
16	北欧联合银行	Nordea Bank	华侨银行	Oversea - Chinese Banking Corporation
17	美国银行	Bank of America	三菱东京日联银行	Mitsubishi UFJ FG
18	摩根士丹利	Morgan Stanley	日本瑞穗金融集团	Mizuho FG
19	新加坡星展银行	Development Bank of Singapore	新加坡星展银行	Development Bank of Singapore
20	中国建设银行	China Construction Bank	法国兴业银行	Société Générale
TOP20 均值	6735.23 亿美元		54.05%	

资料来源：浙大 AIF，国家外汇管理局。

　　总体而言，全球银行境外资产规模与占比排名反映了银行业境外发展的三大特点。第一，头部银行的地域集中度高，主要集中于欧洲和亚洲；欧洲银行的前端优势明显，亚洲银行则集中于后端。境外资产规模 TOP10 的银行中有 5

家来自欧洲，4 家来自亚洲，1 家来自美洲；TOP20 的银行中有 9 家来自欧洲，7 家来自亚洲，4 家来自美洲。而境外资产占比 TOP10 的银行中有 7 家来自欧洲，2 家来自亚洲，1 家来自美洲；TOP20 的银行中有 9 家来自欧洲，9 家来自亚洲，2 家来自美洲。第二，境外发展的资源集中度高，前后差距悬殊。境外资产规模 TOP20 的银行境外资产规模均值为 6735.23 亿美元，是所有参与测算的银行均值（2861.05 亿美元）的 2.4 倍；TOP20 的银行境外资产规模总量为 13.47 万亿美元，占所有参与测算银行的 60% 以上；境外资产占比 TOP20 的银行境外资产占比均值为 54.05%，是所有参与测算银行均值（27.04%）的约 2 倍。第三，不同银行在境外资产规模与占比上的优势各异。首先，以汇丰银行、西班牙国际集团、联合信贷集团等为代表的 13 家银行在境外资产规模与占比的排名中均进入 TOP20，反映了在境外资产规模与占比两个维度上均拥有强大的实力；其次，部分银行在境外资产积累中仅有一个维度占优，表现出明显的"偏科"现象，例如，中国银行在 2020 年境外资产规模总量排名中位列第 4，但境外资产占比仅为 26%，国际化发展还不够深入；国民联合银行在 2020 年境外资产占比排名中以 83% 占据榜首，但其境外资产规模仅有 330.87 亿美元，仅为总体均值的 1/8，这说明境外资产占比水平高不代表境外发展实力强。值得注意的是，两者都强的银行基本为根植大国的全球性银行，具有规模优势和扩张优势，因此巴林国民联合银行的境外资产积累现状也在一定程度上反映了根植小国的区域性银行在国际化发展中的困境。

3.2.3　表现各异：从国家视角看境外资产表现

本节通过对筛选的 54 家资产数据较全的样本银行按国家进行分类，测算各国银行整体的境外资产表现，以考察不同国家的境外资产特色（见图 3-4）。由图 3-4 可知，8 家美国银行（境外资产规模总量为 2.53 万亿美元）和 3 家日本银行（境外资产规模总量为 2.42 万亿美元）以及 3 家英国银行（境外资产规模总计 2.36 万亿美元）拥有最多的银行境外资产，且英国银行的境外资产占比（均值为 45.67%）三者中最高。8 家中资银行的境外资产规模总计 2.26 万亿美元，与英国的银行差距不大，仍属于第一梯队，但中资银行的境外资产占比均值仅为 8.22%，为图 3-4 中所有国家银行中的最小值。在境外资产规模总量的第二梯队中，有西班牙、加拿大和法国，境外资产规模总量均在 1.2 万亿美元以上，其中西班牙的境外资产占比均值为 76%，为图 3-4 中所有国家银行中的最大值。

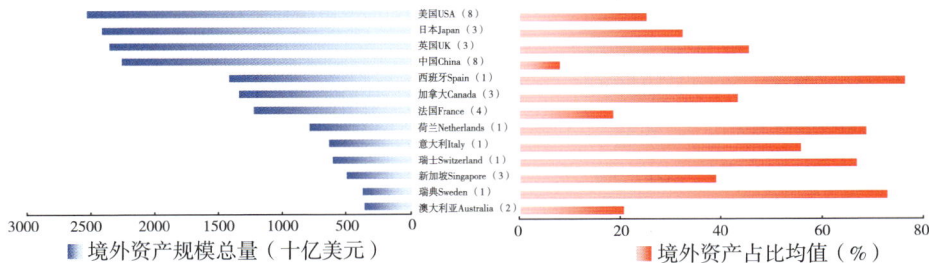

图 3-4　2020 年各国银行境外资产规模总量与占比均值[1]

（资料来源：浙大 AIF）

　　需要指出的是，图 3-4 中的数据并非精确测量结果，仅选取了数据公开可得的银行作为样本，与各国银行境外资产积累的实际情况存在一定出入，但仍在一定程度上反映了当前世界银行业朝着国际化方向发展的趋势。英国等欧洲老牌资本主义国家在金融国际化的发展上仍具有传统领导地位，其金融机构的国际化程度普遍较高，得益于较小的国内市场规模和相近的地缘特征等得天独厚的优势；日本和中国的银行在金融全球化进程中表现日渐突出，银行业国际化程度不断加深，但从境外资产占比均值来看中国仍以国内市场为主，银行国际化的"深度"不及日本，境外发展水平仍有待提高。

3.3　全球银行境外营收成果

　　与境外资产积累相比，境外营收更容易受到大环境的影响，尤其随着 2020 年新冠肺炎疫情在全球蔓延，对各银行境外营收均会造成冲击。本节从历史角度、银行视角、国家视角三个维度观察全球银行境外营收表现，并通过与全球银行境外营收表现挖掘跨国经营的特点。

3.3.1　曲折中上升：境外营收十年对比

　　图 3-5 选取了 55 家境外营收数据较为完整的银行，比较其境外营收规模总量和境外营收占比均值在 2011—2020 年的变化。由图 3-5 可以看到，2011 年境外营收规模总量超过 4500 亿美元，但自 2011 年其连续下降，直至 2016 年境外营收规模总量降至 4000 亿美元以下。2017 年境外营收规模总量超过

---

　　① 图 3-4 中国家名称后的数字表示纳入测算的银行数量，所有银行境外资产规模根据国家外汇管理局公布的 2020 年 12 月 31 日汇率数据换算为美元。

4400 亿美元，之后几年都处于 4400 亿美元水平。2020 年由于受新冠肺炎疫情的影响，全球经济衰退，国际贸易总额大幅下降，全球银行境外营收规模也下降到 4200 亿美元左右。从境外营收占比均值来看，均值呈现曲折中上升的趋势。虽然 2015 年和 2020 年有小幅度下降，但是上升趋势不可遏制，全球银行境外营收占比均值从 2011 年 27.3% 左右最高上升至 29.2%。

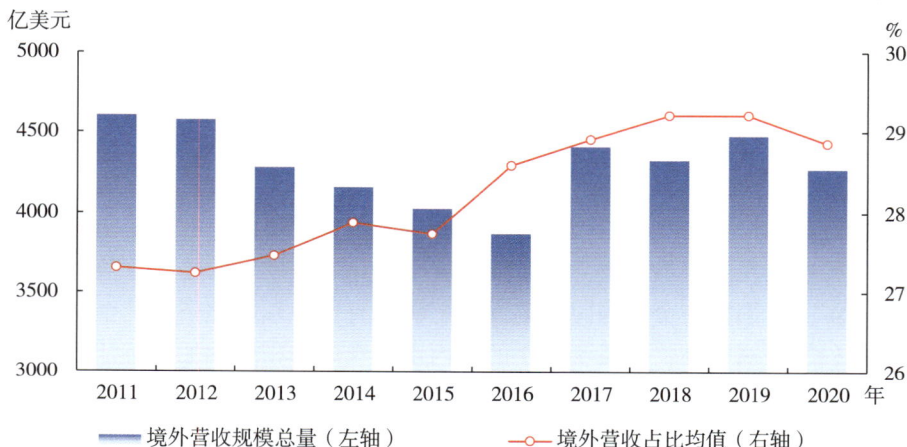

图 3-5　2011—2020 年全球银行境外营收规模总量与占比均值①

（资料来源：浙大 AIF，各银行历年年报）

从图 3-5 可以看出，境外营收规模总量更易受到全球经济形势的影响，因此需要注意防范和化解金融系统性风险，这样才能使境外营收规模总量不发生较大的波动，维持金融系统的稳定性。除此之外，银行境外的营收占银行总营业收入的比例在扩大，境外业务越来越需要重视。随着全球化的进程加速，银行的境外业务也需要引入更多的监管。

3.3.2　规模与占比排名分化：全球银行境外营收排名

报告考察了 66 家样本银行的营收情况，并根据 2020 年境外营收规模和占比数据对其进行了相关的排名，表 3-4 展现了全球银行境外营收规模和境外营收占比 TOP20 的银行。

---

①　图 3-5 中境外营收规模总量和境外营收占比均值根据 55 家银行境外营收数字可得的银行数据计算得到，所有银行境外营收规模根据当年 12 月 31 日汇率数据换算为美元。

表 3-4　2020 年全球银行境外营收规模和境外营收占比 TOP20①

排名	全球银行境外营收规模		全球银行境外营收占比	
1	花旗集团	Citigroup	渣打银行	Standard Chartered
2	西班牙国际银行	Banco Santander	西班牙国际银行	Banco Santander
3	汇丰银行	HSBC Holdings	北欧联合	Nordea Bank
4	三菱东京日联银行	Mitsubishi UFJ FG	荷兰国际集团	ING Bank
5	中国银行	Bank of China	瑞士瑞信银行	Credit Suisse
TOP5 均值	303.26 亿美元		75.80%	
6	中国工商银行	Industrial and Commercial Bank of China	阿拉伯银行	Arab Bank
7	加拿大皇家银行	Royal Bank of Canada	汇丰银行	The Hongkong and Shanghai Banking Corporation Limited
8	巴克莱银行	Barclays Bank	联合信贷集团	Unicredit Group
9	高盛集团	Goldman Sachs	巴克莱银行	Barclays Bank
10	瑞士瑞信银行	Credit Suisse	德意志银行	Deutsche Bank
TOP10 均值	242 亿美元		68.44%	
11	日本瑞穗金融集团	Mizuho FG	法国兴业银行	Société Générale
12	道明加拿大信托银行	TD Canada Trust	日本瑞穗金融集团	Mizuho FG
13	联合信贷集团	Unicredit Group	花旗集团	Citigroup
14	丰业银行	Scotiabank	大华银行	United Overseas Bank
15	摩根士丹利	Morgan Stanley	丰业银行	Scotiabank
16	标准渣打银行	Standard Chartered	华侨银行	Oversea – Chinese Banking Corporation
17	德意志银行	Deutsche Bank	新卢布尔雅那银行	Nova Ljubljanska Bank
18	法国巴黎银行	BNP Paribas	美国道富银行	State Street Corp
19	法国兴业银行	Société Générale	道明加拿大信托银行	TD Canada Trust
20	荷兰国际集团	ING Bank	三菱东京日联银行	MUFJ
TOP20 均值	189.55 美元		58.04%	

资料来源：浙大 AIF，各银行年报。

---

①　表 3-4 中全球银行境外营收规模根据 2020 年 12 月 31 日汇率换算为美元。

从境外营收规模排名来看，花旗银行（美国）、西班牙国际银行（西班牙）、汇丰银行（英国）、三菱东京日联银行（日本）和中国银行（中国）位居TOP5，中国工商银行（中国）、加拿大皇家银行（加拿大）、巴莱克银行（英国）、高盛集团（美国）和瑞士瑞信银行（瑞士）位居TOP6～10。欧洲在TOP10占据4席，在TOP20占据10席，欧洲的境外营收规模排名远超其他洲。中国在TOP10中占据两席，中国银行和中国工商银行分别排名第5和第6。中国工商银行比上年次的11名上升了5个名次。

从境外营收占比来看，渣打银行（英国）、西班牙国际银行（西班牙）、北欧联合（瑞典）、荷兰国际银行（荷兰）和瑞士瑞信银行（瑞士）位居TOP5，阿拉伯银行（约旦）、汇丰银行（英国）、联合信贷银行（意大利）、巴莱克银行（英国）和德意志银行（德国）位居TOP6～10。其中，TOP5银行全部来自欧洲，TOP20中欧洲占据11席，总的来说，境外营收占比高的银行集中在欧洲地区。

通过对比境外营收规模排名与境外营收占比排名，可以发现两者差异较大。一方面，除西班牙国际银行和巴莱克银行境外营收规模排名和境外营收占比均处于TOP10外，其他银行境外营收规模和境外营收占比排名均有较大差异。例如，中国银行和中国工商银行境外营收规模分别排在第5名和第6名，而境外营收占比却不在前20名之列。另一方面，境外营收规模与国家发展情况较为相关，分布较为均匀，而境外营收占比则更加集中在欧洲地区。具体来说，在境外营收规模TOP5中美国、中国、日本各占1席，欧洲占2席，而境外营收占比TOP5全部来自欧洲地区的国家。

3.3.3　强弱分化：从国家视角看境外营收表现

从境外营收规模总量来看，各国银行境外营收表现呈现强弱分化的形势。其中，首先是美国银行境外营收规模总量最大，达到891.7亿美元，其次分别是英国、中国和日本，英国和中国银行境外营收规模总量接近600亿美元。但是南非、瑞典等国家，境外营收规模总量分别只有37.8亿美元和74.7亿美元，远小于美国、英国、中国。从境外营收占比均值来看，西班牙和瑞典分别为84.79%和72.42%，分别位居第1和第2，境外营收规模总量排在第1名的美国境外营收占比均值则处于中等水平。值得注意的是，中国的境外营收占比均值未达到10%，仅为6.11%，其境外营收占比均值排在所列国家里的最后一名（见图3-6）。

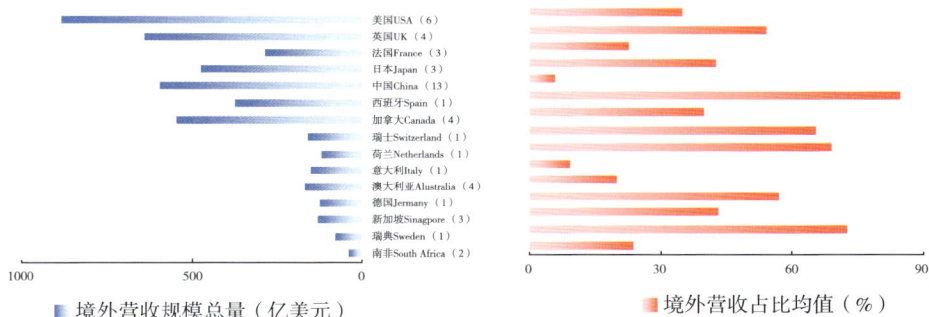

图 3-6　2020 年各国银行境外营收规模总量与占比均值①

（资料来源：浙大 AIF，各银行年报）

综上所述，有的国家更注重于银行的本土化，把银行的重心放在本土的经营上，这样能规避一部分外部的经济形势对它造成的影响，境外营收呈现强弱分化的形势。

3.4　全球银行境外机构布局

受相关业务的限制，目前银行的发展仍然无法脱离线下渠道，因而境外机构的分布国家和境外机构数量在很大程度上影响了银行境外发展的空间和潜力。

3.4.1　欧亚领先：2020 年全球银行布局国家表现

一般认为，境外银行布局国家数表现了银行境外布局的广度，表明了银行愿意且能够拓展的国家数。本节统计了 88 家银行布局国家/地区数量，以此来推断出不同银行境外布局的广度。从表 3-5 可以得到，花旗银行、法国兴业银行、法国巴黎银行、汇丰银行、中国银行共 5 家银行排在第一梯队，其境外布局国家/地区数量均大于 60 家。德意志银行、渣打银行等共 20 家银行排在第二梯队，其境外布局国家/地区数量为 30~60 家。

---

① 图 3-6 中国家名称后的数字表示纳入测算的银行数量，全球银行境外营收规模根据 2020 年 12 月 31 日汇率换算为美元。

表 3-5　2020 年全球银行机构布局国家/地区数量

机构布局国家/地区数量	银行		所属国家
第一梯队（>60 家）	花旗集团	Citigroup	美国
	法国兴业银行	Société Générale	法国
	法国巴黎银行	BNP Paribas	法国
	汇丰银行	HSBC Holdings	英国
	中国银行	Bank of China	中国
第二梯队（30~60 家）	德意志银行	Deutsche Bank	德国
	标准渣打银行	Standard Chartered	英国
	法国 BPCE 银行集团	Groupe BPCE	法国
	瑞银集团	United Bank of Switzerland	瑞士
	三菱东京日联银行	Mitsubishi UFJ FG	日本
	瑞士瑞信银行	Credit Suisse	瑞士
	巴克莱银行	Barclays Bank	英国
	中国工商银行	Industrial and Commercial Bank of China	中国
	荷兰国际集团	ING Bank	荷兰
	三井住友银行	Sumitomo Mitsui Banking Corporation	日本
	摩根士丹利	Morgan Stanley	美国
	南非莱利银行	Ned Bank	南非
	日本瑞穗金融集团	Mizuho FG	日本
	加拿大皇家银行	Royal Bank of Canada	加拿大
	高盛集团	Goldman Sachs	美国
	美国银行	Bank of America	美国
	纽约梅隆银行	Bank of New York Mellon	美国
	澳新银行	Australia & New Zealand Banking Group Limited	澳大利亚
	印度国家银行	State Bank of India	印度
	中国建设银行	China Construction Bank	中国

资料来源：浙大 AIF，各银行年报。

从布局广度来看，报告对 2020 年全球银行的境外市场拓展主要有三点发现。从统计结果可以发现。首先，欧洲地区的银行境外机构布局最为广泛。排在第一梯队的 5 家银行中有 3 家银行来自欧洲地区，25 家银行中共有 10 家银行来自欧洲地区。其次，25 家银行来源结构为欧洲∶亚洲∶美洲∶非洲∶澳洲＝10∶7∶6∶1∶1，欧、亚、美三洲头部银行在境外布局广度上基本相当。不过，与 2019 年来源结构（欧洲∶亚洲∶美洲∶非洲＝9∶6∶7∶1）相比，虽然整体变动不大，但是亚洲数量于 2020 年超过美洲，表明亚洲银行在境外布局方面开始逐渐发力。最后，来自金砖国家的银行共有 5 家，占比达到 1/5，表明新兴市场国家其境外布局开始逐步兴起。

3.4.2　战略收缩：2020 年全球银行境外机构表现

相比境外布局的广度，境外布局的深度则主要表现在其境外机构的数量及占比上，反映银行对境外市场线下渠道铺设的力度。图 3-7 测算了 32 家近 10 年境外机构数可得的银行的每年数量均值及占比均值。从布局深度来看，报告对 32 家银行的境外布局有两点发现：一方面，近 10 年境外机构数量均值呈现下降趋势，从 2011 年的 420 家降至 2020 年的 353 家，尤其是 2020 年境外机构数量均值从 369 家降至 353 家，下降幅度达到 4.53%。另一方面，反观境外机构占比可以发现近 10 年波动幅度较小，稳定在 12%～13%。值得注意的是，

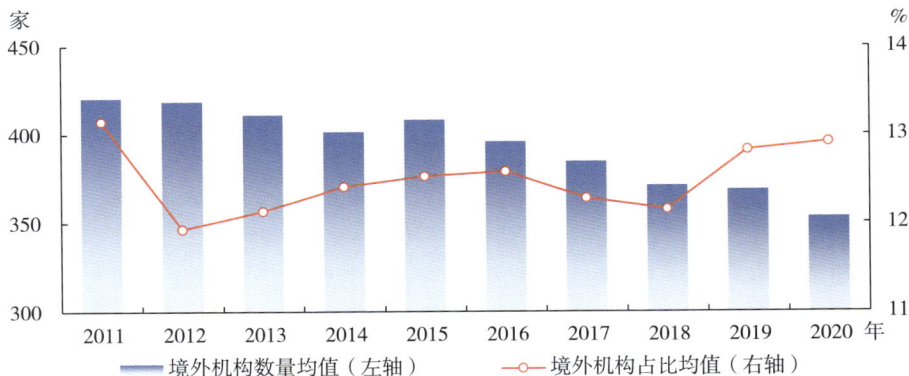

图 3-7　2011—2020 年全球银行境外机构数量均值与占比均值①

（资料来源：浙大 AIF，各银行年报）

---

① 图 3-7 中境外机构数量均值与境外机构占比均值根据 32 家近 10 年境外机构数值可得的银行数据计算得到。

境外机构占比均值从 2018 年开始呈现上升的趋势。境外机构数量均值下降，但境外机构占比均值上升，这从一定程度上反映出这些银行整体呈现战略收缩的趋势。

虽然整体来看，全球银行境外机构呈现下降趋势，但不同银行间由于所处国家以及其海外战略布局的不同，各银行其境外机构发展情况依然存在较大差异。图 3-8 和图 3-9 选取了 5 家具有代表性同时数据较为全面的银行具体分析不同银行间发展趋势。总的来看，各银行的境外机构数量以及境外机构占比近 10 年来均处于一个相对稳定的状态，变化幅度均不甚明显。具体来看，西班牙国际银行和中国工商银行呈现逐年递增的趋势。特别地，中国工商银行境外机构数量从 2011 年的 239 家增长至 2019 年最高水平 428 家，2020 年又小幅下降至 426 家；中国银行与德意志银行呈现逐年下降的趋势。德意志银行境外机构数量从 2011 年的 1039 家下降至 2020 年的 605 家，下降幅度超过 40%，但境外机构占比下降幅度较境外机构数量小得多，从 33.76% 下降至 31.99%，表明德意志银行国内外分支机构均处于减少状态；大华银行的境外机构数量则较为稳定，近 10 年来始终保持在 450 家左右。

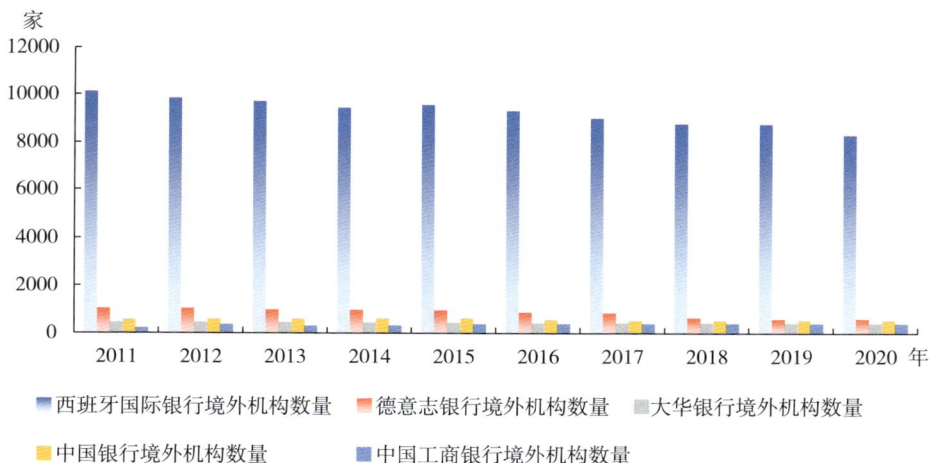

家

图 3-8　2011—2020 年部分银行境外机构数量

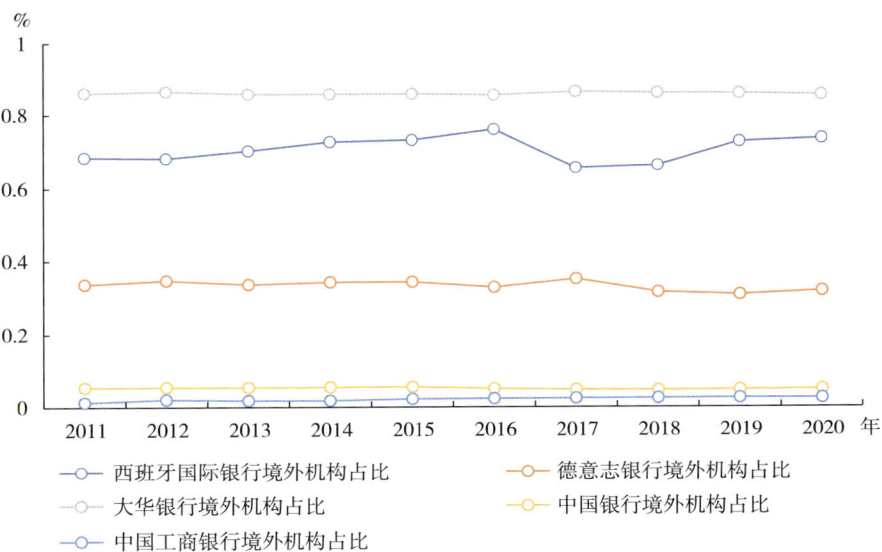

图 3-9 2011—2020 年部分银行境外机构数量占比

第 4 章　Chapter 4

从BII对比看全球银行国际化

银行国际化指数（BII）从境外资产积累、境外经营成果、全球区域布局三方面衡量全球银行国际化。本章从 BII 排名与榜单对比出发，深入探究银行国际化与境外资产和境外机构数等的关系，分析不同银行在不同方面展现的国际化特色。

4.1　国际化水平与资产规模：各具特色

银行的资产规模可以反映其经营能力，一般而言大型跨国银行的经营能力更受认可。为探究银行的国际化水平与其资产规模是否存在显著的正相关关系，本节使用全球性银行 BII 排名与《银行家》杂志的一级资本排名进行对比，考察银行国际化水平与资产规模之间的关系。图 4-1 中的国际化水平以BII 进行度量，排名越靠前说明国际化水平越高；资产规模使用《银行家》的一级资本来代替，排名越靠前说明资产规模越大。需要说明的是，在报告的42 家全球性银行中，美国道富银行和纽约梅隆银行未进入《银行家》TOP50，因此图 4-1 包含的仅是剩余的 40 家银行。

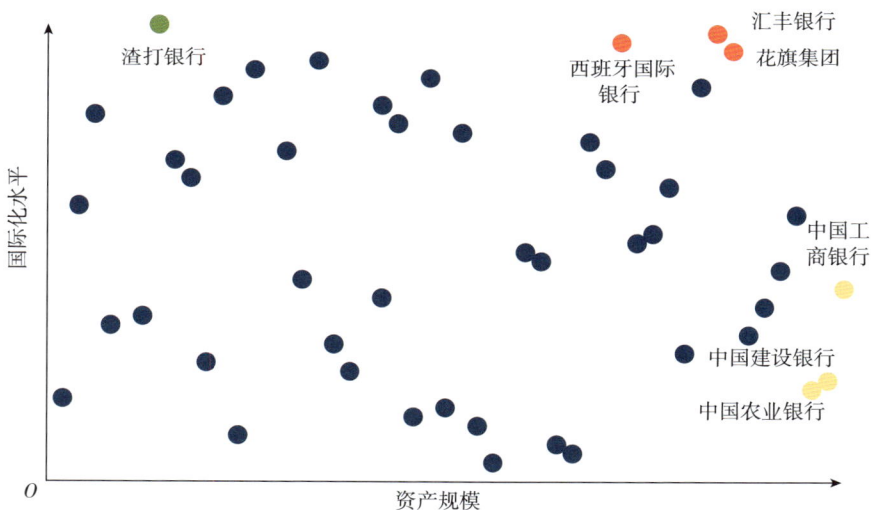

图 4-1　2020 年全球性银行国际化水平与资产规模情况

（资料来源：浙大 AIF、《银行家》）

从图 4-1 中信息可知，国际化水平与资产规模水平并非存在显著的正相关关系，两者之间呈现的是更多样的关系，并由此形成了三类不同的国际化风格。通过对比全球性银行的国际化水平和资产规模水平的关系，可以发现不同银行采取各异的国际化发展道路，资产规模仅是国际化水平的一部分因素。

4.1.1 大型跨国金融集团

第一类，资产规模大且国际化程度高的"大型跨国金融集团"，代表银行有汇丰银行、花旗银行、西班牙国际银行等，具体的资产和 BII 排名如表 4-1 所示。在资产规模 TOP50 中，三家代表性银行的排名集中于 8~15 名，资产规模均处于中上水平；在 BII 排名 TOP50 中，西班牙国际银行和汇丰银行分别位于第 2 名与第 3 名，花旗集团位于第 12 名，国际化程度均处于第一梯队水平。因此，该类银行的资产规模和国际化水平均居全球银行前列，发展历史悠久（大部分于 19 世纪中期之前成立），主要依托本国发达的金融市场和独特的地理优势，较早地实现了经营的国际化，抢占了银行国际化的先机。

表 4-1 第一类代表性银行的资产排名与 BII 排名

全球性银行		资产排名	BII 得分	BII 排名
汇丰银行	HSBC Holdings	9	55.23	3
西班牙国际银行	Banco Santander	15	55.79	2
花旗集团	Citigroup	8	39.65	12

资料来源：浙大 AIF。

4.1.2 专注本土的银行集团

第二类，资产规模大但国际化水平稍显逊色的"本土为主银行集团"，代表银行有中国工商银行、中国建设银行、中国农业银行（图 4-1 黄色标注）等，该类银行以规模较大的中资银行为主，它们的资产规模庞大，相比国际市场，在巨大的国内市场中有更加突出的表现。在资产规模 TOP50 中，三家代表性银行居于前 3 名，处于绝对领先的地位；在 BII 排名 TOP50 中，中国工商银行位于第 23 名，而中国建设银行与中国农业银行均位于第 30 名左右（见表 4-2），国际化水平位于中游，相较其极为靠前的资产排名稍显不足。目前来看，对中资银行而言，其在国内市场的表现较国外市场更突出，而国际化水平主要受制于较短的国际化发展时间，因此未来仍存在极大的国际化提升空间。

表 4-2　第二类代表性银行的资产排名与 BII 排名

全球性银行		资产排名	BII 得分	BII 排名
中国工商银行	ICBC	1	17.11	23
中国建设银行	CCB	2	7.87	31
中国农业银行	ABC	3	6.61	32

资料来源：浙大 AIF。

4.1.3　专攻海外的精品银行

第三类，资产规模小但国际化水平高的"专攻海外市场的精品银行"，代表银行有渣打银行（图 4-1 绿色标注）等，这类银行自设立之初就设海外分行，把海外经营作为主要经营战略。以渣打银行为例，构建"一带一路"业务核心网络是当前的业务特色与发展重点，现已在 59 个国家和地区设立分支机构，已有来自 120 余个国家和地区的员工在其中工作（境外员工占总员工数约 95%），境外营收占据总营收的 87%。在资产排名 TOP50 中，渣打银行位于第 44 名，处于下游水平，说明资产规模不大；但在 BII 排名 TOP50 中，渣打银行位于榜首（见表 4-3），足见其超高的国际化水平，这与它百余年的悠久历史和"利用独特的多样性促进商业繁荣和增进人类福祉"的使命有着不可分割的联系。

表 4-3　第三类代表性银行的资产排名与 BII 排名

全球性银行		资产排名	BII 得分	BII 排名
渣打银行	Standard Chartered	44	61.60	1

资料来源：浙大 AIF。

综上所述，银行的国际化水平与资产规模之间的关系是复杂多样的，资产规模并非国际化水平的决定性因素，银行的定位和战略对其国际化水平而言更为重要。相比资产规模，自身发展战略与所处宏观环境的匹配程度是银行更需考虑的因素，唯有因地制宜地选择适合自身发展的国际化道路，才能在国际化的经营与发展中行稳致远。

4.2　国际化水平与境外机构、雇员数量：正相关

银行在海外不断地通过收购股权、独资或者合资等多种方式建立分支机构，形成信息灵敏、规模适度、结构合理的跨国银行机构网络，是其国际化的

重要表现。为了探究银行的国际化与境外机构数是否存在显著的正相关关系，图 4-2 选取了数据完整的 21 家全球性银行 BII 指数与境外机构数进行对比，考察银行国际化与境外机构数之间的关系。根据图 4-2 可以得出，银行国际化水平和境外机构数基本呈现正相关关系。西班牙国际银行拥有最多数量的境外机构，总共 8297 家，同时其国际化水平也是最高的；相反地，中国光大银行、中国民生银行、中信银行和兴业银行等中国股份制银行的境外机构数量较少，国际化水平也较低。但是，这种正相关关系也存在着一些例外情况，如德意志银行和法国兴业银行的国际化水平较高，境外机构数却远不及西班牙国际银行。

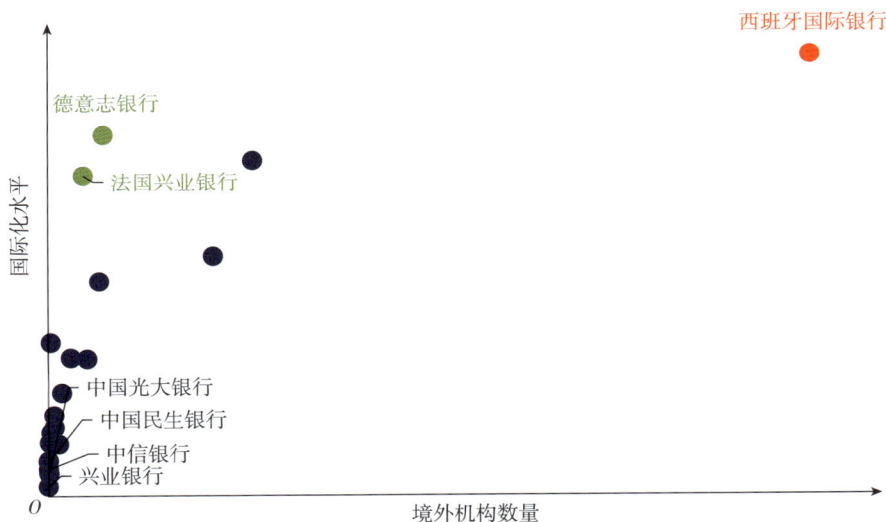

图 4-2　2020 年全球性银行国际化水平与境外机构数量情况

（资料来源：浙大 AIF）

银行走向国际化的背后必不可少地需要国际化人才的支撑，而除了境外机构数，境外雇员数也是对企业境外发展规模的基本反映。为了探究银行的国际化与境外雇员数是否存在显著的正相关关系，图 4-3 选取了数据完整的 26 家全球性银行 BII 与境外雇员数进行对比，考察银行国际化与境外雇员数之间的关系。根据二者关系图可以得出，银行国际化水平和境外雇员数也基本呈现正相关的关系。西班牙国际银行和汇丰银行的国际化水平全球领先，同时拥有大量的境外雇员，体现出对国际人才的包容性。而中信银行、中国招商银行、中国光大银行、兴业银行等中国股份制银行还处于国际化起步阶段，境外机构数量少，业务单一，境外雇员也不多。此外，也出现了两类特殊的银行，一类是以巴克莱银行、瑞士瑞信银行和荷兰国际集团为代表的境外雇员数虽不多但国际化程度较高的银行，另一类是以法国巴黎银行为代表的境外雇员数较多但国际化水平并不突出的银行。

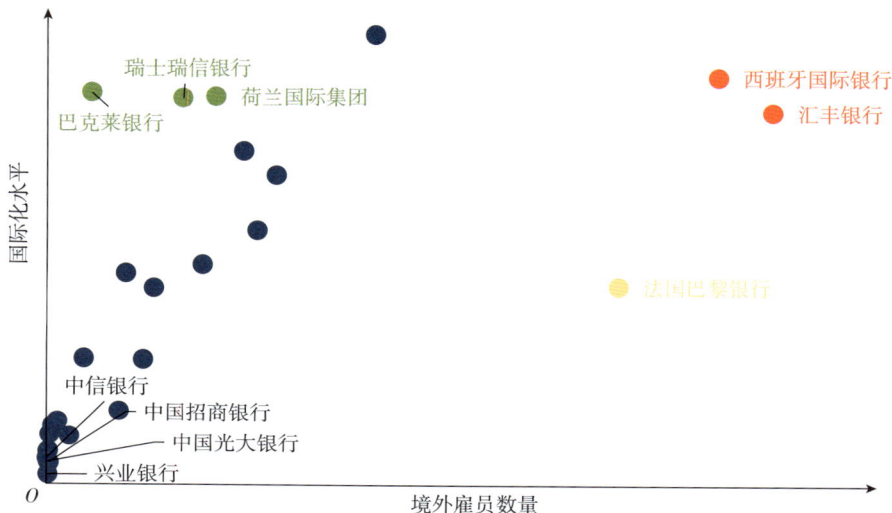

图4-3　2020年全球性银行国际化水平与境外雇员数量情况

（资料来源：浙大 AIF）

综上所述，银行的国际化水平往往和境外机构数、境外雇员数存在一定的正相关关系，如西班牙国际银行这样的大型跨国银行全球布局广泛，拥有许多国际性人才，国际化水平也在全球领先；而一些中资银行尤其是股份制银行，还处于以本土业务为重点的国际化发展初期，境外分支机构很少，相应地境外雇员数也不多，国际化水平还有很大的提升空间。

4.2.1　主要中资银行境外机构情况

由于境外机构与银行的国际化水平呈现一定的正相关关系，因此选取了7家中资银行的境外机构占比与 BII 排名进行对比，来进一步探究境外机构占比与银行国际化水平的关系。从表4-4可以看出，中资银行的 BII 排名都不靠前，未进入 TOP20，中资银行的国际化水平较低，相应地境外机构数占总机构数也较小，都没有达到5%。而在7家中资银行中，境外机构数占总机构数比例越高的银行，BII 排名也越高，如中国银行和中国工商银行的境外机构占比超过了2.5%，BII 排名也进入了 TOP50。

表 4-4　中国代表性银行的境外机构占比与 BII 排名

银行名称	BII 排名	境外机构数（家）	总机构数（家）	境外机构数占总机构数的比例	境外布局国家数占总国家数的比例
中国银行	28	559	11550	4.84%	30.96%
中国工商银行	35	426	16623	2.56%	24.87%
中国建设银行	53	33	14741	0.22%	15.74%
中国农业银行	54	16	22954	0.07%	8.63%
交通银行	52	69	2998	2.30%	9.64%
上海浦东发展银行	61	3	1639	0.18%	1.52%
中国招商银行	75	8	1877	0.43%	4.57%

资料来源：浙大 AIF、各银行年报。

4.2.2　中资银行高管境外经历情况

在海外分支机构形成的基础上，下一个问题就是关于这些分支机构的管理，即银行的管理国际化。银行管理国际化是指银行运用国际上先进的管理经验、管理方法以及管理制度来经营管理我国商业银行，不是把银行分支机构作为孤立的个体，而是对整个银行进行网络化管理。而银行的高级管理人员正是对银行的国际化战略、治理等产生直接影响的人员，他们的国际化教育及工作经历更能体现一家银行国际化的态度与潜力。图 4-4 以 10 家全球性中资银行为代表，展现了当前中资银行高级管理人员的国际化水平。目前，全球性中资银行拥有境外经历的高管平均占比不足 1/3，大型商业银行相比股份制银行国际化人才储备更强。拥有境外经历的高管占比不高在一定程度上造成了中资银行的本土化经营策略，因而其国际化发展受限。

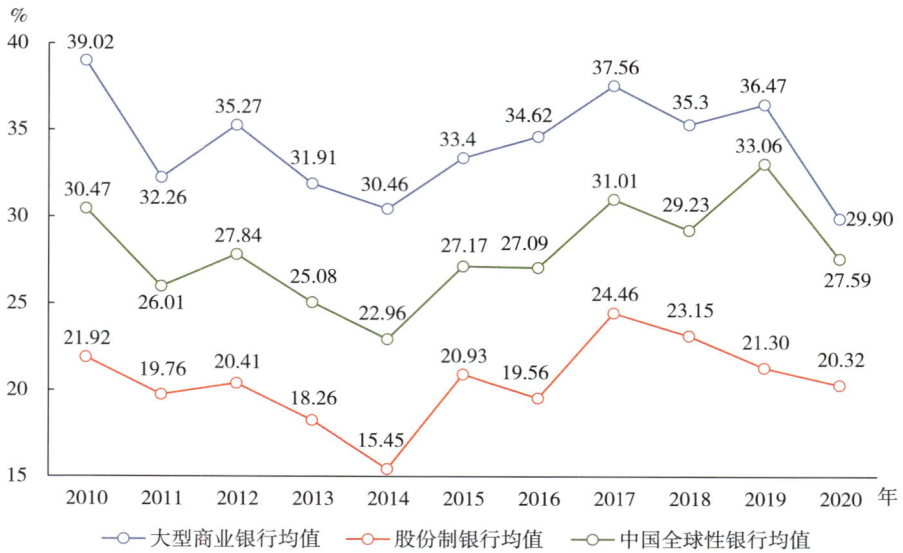

图 4-4　2010—2020 年两类中资银行拥有境外经历的高管占比

（资料来源：浙大 AIF、各银行年报）

履霜坚冰　驯致其道

Will De-globalization Disrupt
Banks' International Expansion?

从国家视角看全球银行国际化

银行业的国际化发展受各国经济与世界金融地位影响，结合各国政策与历史背景，在不同时期呈现出极具国家特色的不同表现。本章选择中国、美国、英国、新加坡 4 个国家的代表性银行，从国家视角分析各国银行的国际化表现，展现不同国家银行业的国际化推进历程与特点。

5.1　中国的银行国际化

回首过去，成绩斐然，前有国有大型银行为先锋纷纷开启各自的海外征程，使全球布局初步成型，境内外协同效应显著；展望未来，迷雾重重，新冠肺炎疫情肆虐，地缘政治摩擦加剧，逆全球化浪潮涌起。在这样一个历史的"转折点"，分析中国的银行国际化具有重大意义。

中资银行国际化步伐的推进与中国金融开放的深化进程是息息相关的。几十年来，随着中国经济的中高速增长、金融市场的改革开放、人民币国际化进程的不断推进、"一带一路"倡议的提出以及中国企业"走出去"步伐的不断加快，中资银行国际化也迎来快速发展期。2020 年，中国国内生产总值达14.72 万亿美元（根据现价美元计算），同比增长 2.3%（见图 5-1），为 2020年全球唯一实现正增长的主要经济体。

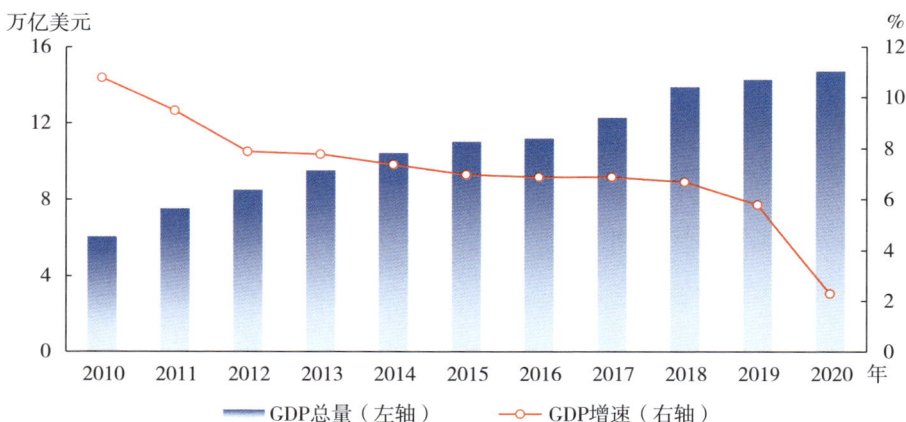

图 5-1　2010—2020 年中国 GDP 总量和 GDP 增速情况

（资料来源：浙大 AIF）

自改革开放以来，中资银行的国际化影响力持续提升。一方面，银行规模不断扩大，根据英国《银行家》杂志最新发布的"全球银行 1000 强"榜单，中国共有 144 家银行上榜，其一级资本总规模（2.96 万亿美元）接近美国的

两倍 (1.58 万亿美元)。其中，中国工商银行、中国建设银行、中国农业银行和中国银行再次包揽前 4 位，并且中国工商银行连续 8 年蝉联世界排名第 1 位；值得关注的是，股份制银行中表现最优的是招商银行，位居全球 TOP20，其运营效率、稳健性均优于同行。另一方面，银行的全球影响逐渐加大并且各种类型的银行都得到较好的发展，2020 年福布斯发布的"世界最佳银行"(World's Best Banks) 排行榜中，中国有中国银行、中国工商银行、招商银行、中国建设银行等 20 家银行上榜，并且前 5 位中，我国上榜 3 家，除了中国银行和股份制银行中的佼佼者招商银行入围，中原银行作为城市商业银行也首次突破重围。

5.1.1　银行国际化发展历程

整装待发期：新中国成立之初到改革开放之前，极个别中资银行开始以代理行的形式进行小范围、小规模的进出口贸易和结算活动。从严格意义上说，这个时期除了中国银行，其他中资银行的国际化程度近乎为零。

崭露头角期：改革开放之初到股改之前，多种类型的金融机构迅速崛起。1979 年 10 月，中央为发挥银行带动经济发展的作用，恢复了中国农业银行和中国建设银行，又从中国人民银行中独立出来中国银行。1985 年，中国工商银行与中国香港南洋商业银行建立了代理行关系，1992 年其第一家境外分支机构"新加坡代表处"正式成立；中国建设银行于 1993 年在新加坡设立代表处，1995 年在中国香港设立分行；中国农业银行于 1995 年在新加坡和中国香港同时设立分行。大型中资银行的集体"出海"，标志着我国银行业国际化征程正式拉开序幕。

蓬勃发展期：自 2003 年开始，国有商业银行开始进行大规模股份制改革，且许多商业银行纷纷在上海和香港两地证券交易所成功挂牌上市。国有商业银行从此褪去了之前浓郁的行政色彩，遵守市场经营的"游戏规则"，参与市场竞争，也为其国际化发展奠定了基础。股改为中资银行提供了更加广阔的融资渠道，同时也引入了国际先进的管理理念，为进一步融入国际金融市场、参与国际化竞争奠定了坚实的基础。这一阶段，中国银行业的国际化扩张不再仅仅局限于自设机构数量的增加，境外参股、并购活动开始加速进行，国际化业务蓬勃发展。

由大变强期：近几年，中资银行海外扩张的步伐逐渐变缓，并且中国银行业的国际化业务也从高速发展向高质量发展转型，中资银行的国际化水平上升至新的高度，较强的国际化水平不再仅仅包括境外扩张这种可以定量的"硬实力"了，还包括在国际金融市场中话语权和定价权这种"软实力"的提升。

5.1.2　国际化水平稳步上升

随着中国金融对外开放的进程不断推进，中资银行的国际化水平有了明显的提升，这里选择了中国工商银行、中国农业银行、中国建设银行、交通银行、中国银行、招商银行和上海浦东发展银行7家近十年国际化发展较为领先的中资银行，代表性地反映了这种提升情况（见图5-2）。

图5-2表明7家中资银行的BII均值一直在稳步上升，从2010年接近5%上升到2020年的10%，翻了几乎一番。全球银行BII均值一直处于比较水平的趋势，在2020年出现明显的下降。由于疫情，外国控制不力，导致新冠肺炎疫情暴发严重，大批银行业务瘫痪，国际化水平降低。

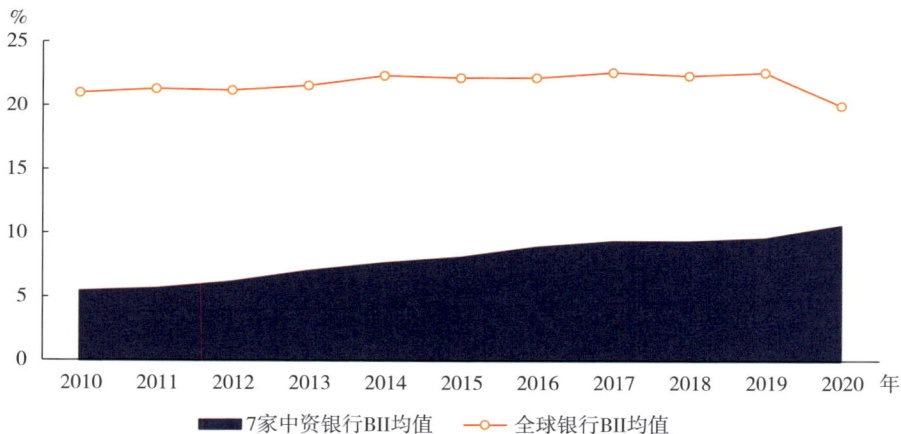

图5-2　全球银行 BII 均值与 7 家中资银行 BII 均值的对比

（资料来源：浙大 AIF）

反观中资银行，在新冠肺炎疫情防控应对方面做得相对较好。2020年5月，习近平总书记在中央政治局会议上指出，要充分发挥我国超大规模市场优势与内需潜力，构建以国内大循环为主体、国内国际双循环相互促进的新发展格局，培育新形势下我国参与国际合作和竞争新优势。"双循环"格局的核心是通过科技创新，完成传统产业链、供应链和价值链从依附型向自主型的转变。在新冠肺炎疫情重挫全球贸易投资的背景下，中国仍将会持续扩大进口以满足国内多样化、个性化需求，以开放的姿态深度融入全球产业链、供应链。与此同时，也发挥金融科技力量，做精做深国际化业务，将交易银行业务、企业手机银行服务等作为提升对公业务板块竞争力的重要抓手，关注以亚太地区为代表的新兴市场地区贸易融资增长机会，充分挖掘线上单证、保函、外汇结汇以及跨境电商等业务增长潜力。

例如，中国银行加强线上服务，工行网银、手机银行小额支付限额全面放开，以满足客户 7×24 小时快速办理资金汇划需求。中国工商银行通过工行个人手机银行转账汇款全部免费。通过这些措施，中资银行的国外业务所受的影响相较于国外的银行来说比较小，BII 在 2020 年还呈现小范围的增加，国际化水平所受影响较小。

5.1.3　不同银行国际化各具特色

近年来，随着经济全球化深入推进、人民币国际化加速发展，越来越多的中资企业及个人"走出去"发展，中资银行相应地加快了出海步伐，国际化进程取得显著发展。出海发展的银行已不再仅仅局限于中国银行、中国工商银行、交通银行等具有悠久境外经营历史的中资银行，其他的全国性的股份制银行以及部分城市商业银行、农商行也根据自身特点大力扩展海外业务，进行国际化的发展及探索。

根据各个银行的发展特点，中资银行的国际化道路大致可以分为四类：①第一类是国开行、进出口银行等政策性银行，其特点是以服务国家整体战略为要旨，业务拓展领先于机构建设；②第二类是六家大型国有商业银行（包括中国邮政储蓄银行），其特点是兼具商业原则与政策色彩，国际化发展起步较早，强调机构网点及产品功能的广泛覆盖；③第三类是以招商银行为代表的全国性股份制银行，还包括中信银行、浦发银行、民生银行、光大银行、广发银行、兴业银行、华夏银行、平安银行、渤海银行，其特点是以商业原则为主，不追求大而全的发展，而是更强调建设必要的海外骨干网络，以实现差异化特色发展；④第四类是包含厦门国际银行、北京银行、上海银行等的城市商业银行以及包含广州农村商业银行、江苏常熟农村商业银行、重庆农村商业银行在内的众多农村商业银行，它们也在不断探索符合其自身特点的国际化发展道路，但从目前来看，其境外机构的数量以及境外营收的占比都比较有限。

从 2019 年至 2020 年的 BII 得分来看（见图 5-3），国有六大行（包括中国邮政储蓄银行）具有明显的领先地位。相比于传统的国有五大行，中国邮政储蓄银行稍显特殊，2007 年邮储银行正式成立，成为全国唯一一家采用"自营+代理"管理模式的全牌照银行业机构；2012 年 1 月变更为股份有限公司，因此在国有身份的基础上又加了一个股份制的角色。若仅仅考虑五大行，那么近两年的 BII 均值为 13.40 分和 13.71 分，与第二梯度的股份制银行拉开的差距绝不是一点点儿。这样傲人的成绩，即使放在世界范围内，也可以与澳大利亚国民银行和美国银行相提并论。同时，近年来，国有银行充分发挥自身规模与品牌优势，多次为人民币债券的对外发行承担承销职责，在进一步拓展国际化经营空间的同时，也增强了自身业务的多样化水平。其中的中国银行代表着中资银行"走出去"的最高水平，其与生俱来的国际化发展优势，曾先后行使中央银行、国际汇兑银行和国际贸易专业银行职能，同时积极参与"一带一路"建设，把握国家发展方向，使其在国际化高质量发展道路上占一席之地。

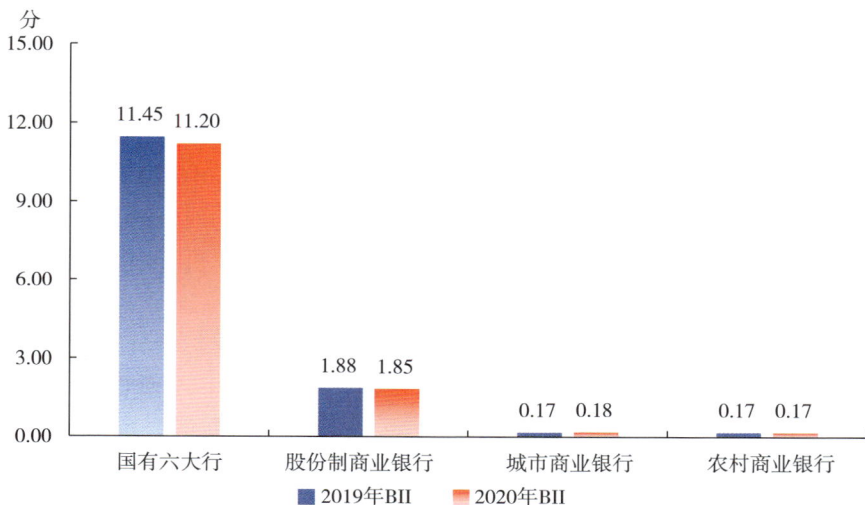

图 5-3　2019 年、2020 年不同类型银行 BII 得分均值
（资料来源：浙大 AIF）

股份制银行近两年来的 BII 得分较为稳定，虽较城市商业银行和农村商业银行的国际化水平存在着明显的领先优势，但与"第一梯队"的国有银行之间的差距更为显著。近年来，中国股份制银行海外布局加快，特别是"一带一路"沿线布局分支机构成为趋势。目前，12 家股份制银行中有 11 家拥有境外分支机构，但大多股份制银行的境外分支机构数目仅为个位数，其中的招商银行拥有的境外分支机构数量最多，为 8 家。与在 61 个国家拥有 559 家分支机构的中国银行以及与在 49 个国家拥有 426 家分支机构的工商银行相比，进一步说明了中国股份制银行整体上拥有着巨大的发展潜力。

城市商业银行和农村商业银行代表着中国商业银行"出海"的最初阶段和最初水平，但这都与其特殊的银行性质以及服务定位息息相关。城市商业银行大部分是由城市信用社改制形成的，业务主要集中在本市区，规模较大的会拓展至本省的其他城市，其总资产规模普遍较小。而农村商业银行定位则是服务于"三农"以及小微企业，大多为地方政府国有企业，在化解农民和中小微企业融资困境中发挥了重要的作用。因此，这两类企业更多地将业务重心放在服务本地以及本土的企业，目前来看其国际化的动机并没有很强烈，因此其国际化水平也处于最初的状态。值得注意的是，北京银行近些年来不断进行着国际化探索，属于城市商业银行和农村商业银行中的佼佼者，分别在中国香港和阿姆斯特丹设立办事处，这为中国的其他城市商业银行和农村商业银行树立了"领头羊"的作用，也为北京银行在海外设立分行，进一步开展国际化业务奠定了基础。

5.1.4 "以点连线、以线带面"的业务布局

最初，中资银行在海外的扩张是通过开设分支机构和境外并购这种"点"的模式来实施其国际化战略的。2006 年建设银行收购美国银行在中国香港的全资子公司美国银行（亚洲）股份有限公司 100% 的股权，可以认为是为中资银行海外并购拉开了新的序幕。2006 年前，中资银行的海外扩张模式主要以设立分支机构，即开设分行为主；2006 年后，中资银行的海外扩展模式以发起跨境并购为主，据不完全统计，2006 年至 2020 年，中资银行一共发生 25 起跨境并购活动。这种新的扩张模式加速中资银行"点"的布局模式，不仅增加了相关区域的市场份额、扩展了客户资源，也为之后"线"的国际化布局打下了坚实基础（见表 5-1）。

表 5-1 2006—2020 年中资银行并购大事件

时间	中资银行	国际化大事件
2006-08	中国建设银行	收购美国银行在中国香港的全资子公司美国银行（亚洲）有限公司及其附属公司的 100% 股权
2006-12	中国银行	收购新加坡飞机租赁有限责任公司 100% 已发行股本
2007-01	中国工商银行	收购印度尼西亚哈林姆银行 100% 股份
2007-07	国开行	收购美国巴克莱银行 3.1% 股份
2007-08	中国工商银行	收购中国澳门诚兴银行 79.93% 股份
2007-01	民生银行	收购美国联合银行 9.9% 股份
2007-01	中国工商银行	收购南非标准银行集团 20% 股份，成为第一大股东
2007-11	中银香港	收购东亚银行 4.94% 股份
2009-01	招商银行	收购中国香港永隆集团银行 53.12% 股份
2009-01	招商银行	收购永隆银行剩余 46.88% 股份

续表

时间	中资银行	国际化大事件
2009-08	中国建设银行	收购美国国际信贷（香港）有限公司 100% 股份
2009-09	中国工商银行	收购美国盘古银行 19.26% 股份
2010-01	中国工商银行	收购加拿大东亚银行 70% 发行在外的普通股
2010-04	中国工商银行	获得泰国 ACL 银行约 97.24% 的已发行股份，成功收购泰国 ACL 银行控股权
2011-01	中国工商银行	收购美国东亚银行 80% 的股权
2011-03	中国工商银行	完成了对工银泰国的退市自愿要约的收购
2011-03	中国工商银行	从东亚银行收购工银加拿大额外 10% 股权的权利对工银加拿大的持股比例由 70% 增至 80%
2011-05	中国工商银行	收购东亚银行（美国）80% 的股权
2012-07	中国工商银行	完成了对东亚银行（美国）的收购
2012-12	中国工商银行	完成对阿根廷标准银行 80% 股权的收购
2012-11	中国建设银行	完成对美国银行持有的建信租赁 249% 股份的收购
2014-11	中国建设银行	完成对巴西 BIC 银行 72% 股份的收购
2015-05	中国工商银行	完成对土耳 Tekstil Bank75.5% 股权的收购
2016-01	中国建设银行	完成对印度尼西亚温杜银行 60% 股权的收购
2018-04	中信银行	联合中国烟草总公司下属双维投资有限公司完成对哈萨克斯坦阿尔金银行（Allyn Bank）60% 股权的收购，其中中信银行持股 50.1%

资料来源：各银行年报，浙大 AIF。

中资银行海外业务的发展模式除了数量上的扩张，也表现为总体布局上的调整。过去，中资银行的海外发展思路主要立足于欧美金融中心，以各大金融中心为据点不断向外扩张；但随着"一带一路"的逐步推进，中资银行的布局正在逐步向"一带一路"沿线区域进行倾斜，转变成为依据"一带一路"沿线城市辐射出去的"面"状机构布局。截至 2020 年末，共有 11 家中资银行在 29 个"一带一路"沿线国家共设立超过 80 家一级分支机构。其中工商银行表现最为亮眼，截至 2020 年末，通过参股标准银行集团间接覆盖非洲 20 个国家，在"一带一路"沿线 21 个国家拥有 124 家分支机构，服务网络覆盖六大洲和全球重要国际金融中心，可以认为真正做到了"以点、连线、带面"。而股份制银行，更多是以项目储备为导向的扩张，目前来看在沿线设立的分支机构数量较少，但仍努力通过适当的机制提供多元化、全方位的金融服务，为充分发挥其业务辐射能力做补充和铺垫。

2020 年 11 月 15 日，中国、东盟十国、日本、韩国、澳大利亚、新西兰

15 个国家正式签署区域全面经济伙伴关系协定（RCEP），全球规模最大的自由贸易协定正式达成。RCEP 的实施为中资银行的发展提供新机遇，RCEP 区域内大幅降低关税将增强成员之间的贸易依存度，加强成员间经济结构互补，推动区域内产业链、供应链、价值链的融合与重塑，进而为中国银行业发展跨境产业链金融带来机遇；RCEP 的实施为中资银行服务 "一带一路" 注入新能量，RCEP 的实施将与现有的中国—东盟自贸区相叠加，RCEP 中统一适用的各项规则将帮助构建更稳定的投资环境，助力 "一带一路" 倡议的高质量发展；RCEP 的实施为中资银行的高质量发展提供新保障，截至 2020 年末，至少有 10 家中资银行在 RCEP 范围内的 15 个国家设立 100 家分支机构，未来中资银行将在区域内催生更高层次和更新形式的金融合作，释放区域内巨大的市场潜力。因此，中资银行 "面" 状的业务布局是值得期待的。

5.2　美国的银行国际化

美国银行业国际化崛起于 20 世纪 60 年代。两次世界大战为美国银行业海外扩张带来机遇，也使得美国政治、经济全面崛起，取代英国成为全球超级大国，建立了以自身为主导的国际政治经济秩序和以美元为主导的国际货币体系，彼时美国银行业的海外分行数量迅速增加。根据英国《银行家》杂志最新发布的 "全球银行 1000 强" 榜单，美国共有 178 家银行上榜，虽然较 2019 年减少了 6 家，但依然是上榜数量最多的国家，其中摩根大通、美国银行、富国银行和花旗银行均进入榜单 TOP10。

美国金融机构的全球发展离不开其强盛的国家力量。美国作为世界上最发达的资本主义国家，近十年来 GDP 总体发展态势良好，仅 2020 年因受新冠肺炎疫情冲击 GDP 有所下滑（见图 5-4）。2020 年 GDP 总量达 20.94 万亿美元，占世界 GDP 总量的 24.71%，远超德国、英国、日本等发达国家。强盛的国家实力为其银行的国际化发展持续助力，参与 BII 测算的银行中，美国有 5 家银行 BII 得分超过全球银行 BII 均值，英国有 4 家，而德国和日本各仅有 1 家（见表 5-2）。

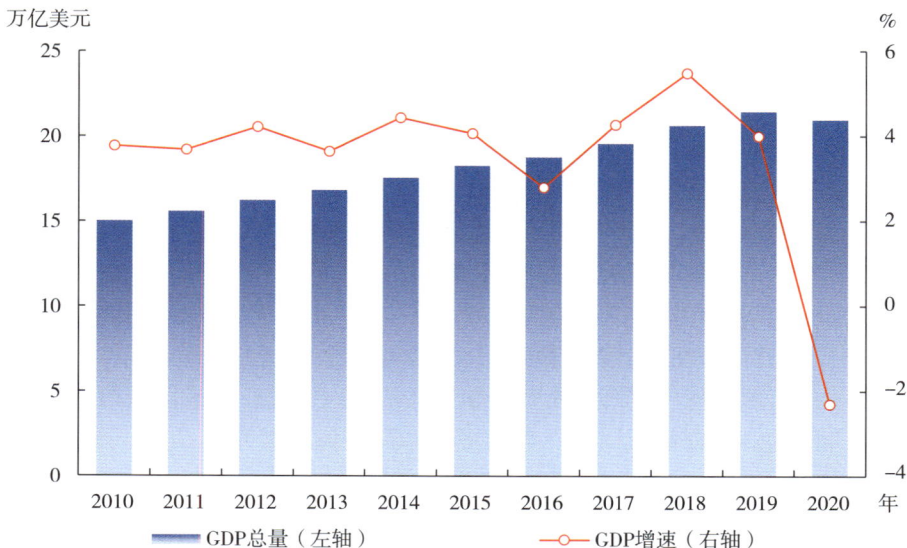

图 5-4　2010—2020 年美国 GDP 总量和增速变化情况

（资料来源：浙大 AIF）

表 5-2　2020 年各发达国家 GDP 总量及其银行 BII 均值情况

国家	GDP 总量（万亿美元）	BII 得分超过全球银行 BII 均值的银行数（家）
美国	20.94	5
英国	2.71	4
德国	3.81	1
日本	5.1	1

资料来源：浙大 AIF。

　　最新发布的《第 29 期全球金融中心指数报告》显示，纽约仍是全球金融中心，城市榜单 TOP20 中有 5 座城市来自美国，数量远超其他国家，金融实力雄厚毋庸置疑。与此同时，得益于国际货币基金组织和世界银行等国际机构的天然地理优势，美国政府大力推动贸易和投资自由化，便捷了银行业的国际化发展（见表 5-3）。

表 5-3　第 29 期全球金融中心指数 TOP20 排名情况

排名	金融中心	所属国家	分数
1	纽约	美国	764
2	伦敦	英国	743

排名	金融中心	所属国家	分数
3	上海	中国	742
4	香港	中国	741
5	新加坡	新加坡	740
6	北京	中国	737
7	东京	日本	736
8	深圳	中国	731
9	法兰克福	德国	727
10	苏黎世	瑞士	720
11	温哥华	加拿大	719
12	旧金山	美国	718
13	洛杉矶	美国	716
14	华盛顿	美国	715
15	芝加哥	美国	714
16	首尔	韩国	713
17	卢森堡	卢森堡	712
18	悉尼	澳大利亚	711
19	迪拜	阿联酋	710
20	日内瓦	瑞士	709

资料来源：浙大 AIF。

报告对 9 家来自美国的银行进行 BII 测算与分析。依托第二次世界大战后经济的飞速发展，美国代表性银行的国际化在近几十年来整体呈现出较高水平。2020 年，受新冠肺炎疫情影响，各地经济状况不容乐观，银行业发展受阻，美国银行业净利润同比下降 36.8 个百分点，各大银行国际化水平均有不同程度的下滑。

5.2.1　国际化水平主导全球

纵观美国 130 多年的银行国际化进程，大多数银行在国际化浪潮中起起落落，有的消失、有的崛起。尽管如此，美国一直是实施和接收金融机构跨国并购的主体，其参与 BII 测算的银行数量最多且国际化水平普遍较高。图 5-5 展现了 9 家美国银行的 BII 均值，并将其与全球代表银行的平均国际化水平进行比较。上述 9 家美国银行中，除了硅谷银行，其他 8 家银行均为 2020 年全球系统重要性银行。

2010—2019 年，美国银行的 BII 均值在 20 分以上并呈现出一种小幅波动的态势，其数值略高于全球银行 BII 均值。2020 年，全球银行业受新冠肺炎疫情影响，国际化发展水平明显下降，美国银业行也未能幸免，BII 均值达到十年最低水平。

美国银行 BII 均值近十年来的变化也能从侧面反映其国际化的特色。首先，美国银行业悠久的国际化历史并未使得美国大型跨国集团的 BII 均值显著高于全球 BII 均值，这在一定程度上说明美国的本土业务与国际业务并行发展，同时本土市场的高度国际化也能部分满足美国银行业的国际业务。其次，全球性的经济周期是美国银行国际化的不利因素：2008 年国际金融危机的影响有所延续，导致美国银行业前期国际化经营效益较低；近几年中美贸易摩擦增加了全球经济形势的不确定性，国际化水平波动性也较大；2020 年更是受到疫情的冲击，银行的国际化水平都有不同程度的下降。由此可见，国际经济环境的变化影响着银行国际化发展。最后，美国国内宏观环境的变化也在一定程度上造成其银行业国际化水平的波动。例如，2015 年起愈演愈烈的本土化浪潮推动众多金融机构的去国际化策略趋势，如摩根大通 2015 年宣布从伦敦交易所的场内交易撤出，花旗银行 2015 年将旗下的花旗银行信用卡日本有限公司股份出售给三井住友信托银行，等等。

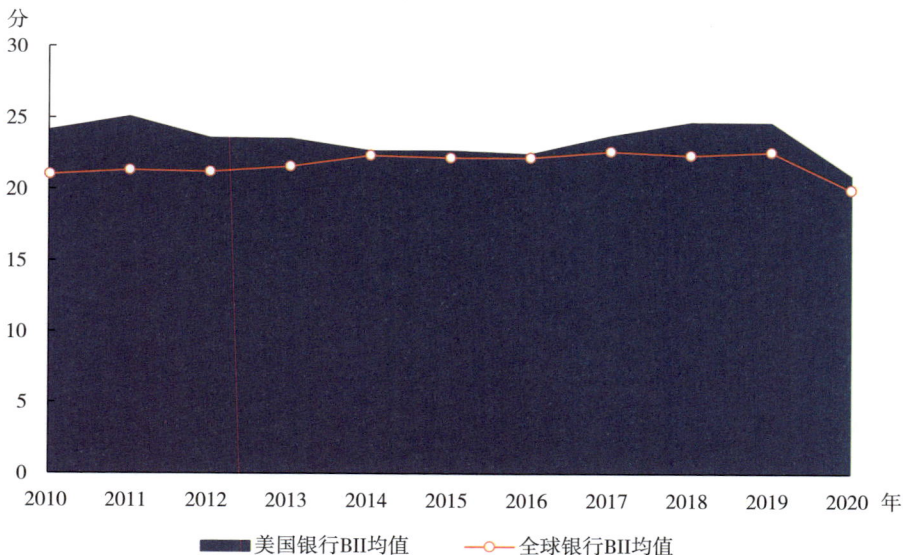

图 5-5　2010—2020 年美国银行及全球银行 BII 均值

（资料来源：浙大 AIF）

5.2.2 国际化发展态势不容乐观

第二次世界大战后，随着美国综合实力的加强，逐渐成为全球经济与政治中心，美元地位的大幅提升为美国各家银行的国际化发展带来巨大优势，同时借助全球化的巨大浪潮，美国的银行集团以空前的规模向全球扩张。因此，当前美国大型银行集团的国际化水平普遍较高，但 2020 年国际化态势不容乐观。表 5-4 所示为 2020 年参与测算的 8 家美国银行集团的 BII 得分与全球性排名。

表 5-4 2020 年美国代表银行 BII 得分以及全球性银行排名

美国代表银行排名	银行名称	BII 得分	全球性银行排名	排名变化
1	花旗集团	39.65	14	−10
2	美国道富	31.88	21	+4
3	高盛集团	28.91	24	−3
4	纽约梅隆	26.97	26	+3
5	摩根士丹利	24.70	30	+4
6	摩根大通	19.17	34	+4
7	美国银行	13.76	40	+5
8	富国银行	5.25	56	−3
	均值	23.78		

资料来源：浙大 AIF。

备注：花旗集团的 BII 得分较上年有较大变化，主要是由于花旗集团境外业务 GCB、ICG 和 Corporate/other 中仅披露了 GCB 业务的境外资产，导致指数结果偏小。

表 5-4 在一定程度上反映了美国的银行业国际化水平在 2020 年的变化情况。一方面，美国银行国际化水平已达到较高水平。具体而言，8 家美国代表性银行均为全球性银行，无论是日常经营还是国际声誉均有相当的影响力，2020 年 BII 均值也达到了 23.78 分。另一方面，美国代表性银行的 BII 排名头部效应并不明显。作为世界上最发达的资本主义国家，其金融力量也在国际上占据主导地位，但其代表性银行 BII 均值并未显著高于全球 BII 均值。除花旗集团由于信息披露不完全导致 2020 年排名较上年有较大水平下降外，其余代表性银行排名均不突出，全球银行 TOP30 中，美国仅占 5 席，而且主要集中在 20~30 名。但这并不说明美国的银行业国际化水平不高，而是说明高度国际化的本土市场使得本国银行只需在国内市场深耕而无须走出美国，便可连接全球。

从美国银行自身角度来看，美国银行国际化开展较早，目前已进入较为平稳的发展阶段，增长后驱力不足。从外部视角来看，一方面西方国家的银行业发展已较为成熟，国际化浪潮开始转向发展中国家和新兴市场，非洲、拉美等新兴市场银行业增速较快；另一方面危机带来明显的洗牌效应，新冠肺炎疫情和中美贸易冲突严重影响美国银行业的国际化发展，一些银行更专注本国市场的发展或自身原本重点深耕市场的发展，开始陆续收缩非重点市场的海外业务。因此，美国银行业的国际化发展亟待出现新的增长点。具体来看，新冠肺炎疫情推动了金融科技的发展，全球银行数字化转型加速，线上、线下综合业务能力提升，代表性银行若能利用好科技为全球客户提供个性化的金融服务，其国际化水平就能更上一个台阶。

5.2.3　国际化历程极具特色

美国银行业的发展及其境外扩张与国家政策和战略变迁密不可分。随着金融监管制度的完善，美国银行业逐渐趋于成熟，最终形成了独特的银行体系。美国政府的监管政策也充分反映其文化和自由竞争意识，它迫使银行去开拓国际市场和拓展生存空间，占领海外业务高地。美国的大型银行正如其在国际政治格局中的地位一样，独占鳌头。受监管制度的影响，近代美国银行业的发展可以分为以下几个阶段，而银行业发展的不同阶段也造就其银行国际化的历程（见表5-5）。

表5-5　近代美国金融监管法案与银行业发展阶段

阶段	法案	主要内容
自由发展阶段	1838年《自由银行法》	任何人以10万美元资本金可开设银行；银行业允许混业经营，商业银行既可办理信贷业务，又可从事投行、保险业务
	1927年《麦克弗登法》	禁止银行跨州设立分支机构
分业经营阶段	1933年《格拉斯—斯蒂格尔法案》	禁止银行混业经营，限制小额存款利率
利率市场化阶段	1980年《存款机构放松管制的货币控制法》	成立存款机构放松管制委员会，承诺逐步取消对定期存款利率的最高限
	1986年《储蓄机构取消管制和货币控制法案》和《储蓄机构法规》	彻底实现利率市场化

续表

阶段	法案	主要内容
完善监管阶段	1994 年《瑞格—尼尔法案》	解除跨州经营和设立分支机构限制
	1999 年《格雷厄姆—里奇—比利雷法案》	放开银行业经营领域
	2008 年《美国金融监管改革》	对表外业务与自营交易做了严格的限制与监管
制度创新阶段	2018 年《促进经济增长、放松监管要求、保护消费者权益法案》	减轻小型银行金融监管负担，放松部分中型银行金融监管要求

资料来源：浙大 AIF。

（1）自由发展阶段（1838—1930 年）：该阶段美国金融业自由发展，外部竞争者减少，美国银行注重本土发展，国际化表现平平。

（2）分业经营阶段（1930—1960 年）：该阶段美国银行业进入严格管制期，而随着第二次世界大战后海外市场需求增加，为谋求业绩增长，银行业开始拓展国际业务。对于当时的美国银行业而言，海外开设分支机构不仅不受分业经营限制，而且可以突破利率等国内严格的监管，这使得美国银行逐渐在国际市场中占据领先地位。

（3）利率市场化阶段（1960—1990 年）：该阶段美国逐步放宽存款利率限制，利率市场化后激发了美国市场的经济活力，加速了美国银行业的洗牌，行业集中度得到了进一步的提高。在此背景下，美国各大银行积极推动战略转型，银行业务朝多元化方向发展，集中度的提高与业务的拓展也为美国大型银行的海外扩张打下了基础。

（4）完善监管阶段（1990—2017 年）：该阶段出现银行业的并购热潮，美国银行积极开展海内外并购，扩大自身规模以应对国际市场的竞争。并且银行业经营领域的放开使得美国银行的并购之路也逐渐向混业发展，许多代表银行朝能提供多种金融服务的全能大型跨国集团发展。

（5）制度创新阶段（2018 年至今）：在新时期的监管政策下，美国银行更加关注自身的可持续发展，国际化发展也进入制度创新阶段。

5.2.4　立足本土，海内外并购兼得

美国银行较早开展全球化，其海外扩张最早可追溯至 19 世纪末。美国银行根据自身特点制定相应的海外发展战略，并能够根据环境变化及时对海外战略进行调整。花旗集团自 1812 年创立以来，正是通过不断调整战略才能在一次次的经济周期中屹立不倒。而美国本土市场的高度国际化使得本国银行在

"家"中便可连接全球，"走出去"并非必要选择，因此许多美国银行采取了在深耕本土业务的同时，通过海内外并购实现国际化发展。

（1）立足本土，实现业务扩张。

立足本土是国际化重要发展战略之一，多年积累的本土客源、技术、创新与人才优势是国际化发展的重要基础。立足本土不仅可作为银行安身立命的核心战略，也可作为特殊时期的特殊战略。

美国银行和富国银行等是典型的以本土业务为重的大型银行，同时花旗集团的国际化路径也展现了从本土银行向大型跨国集团转变的成长历程。美国银行一直专注于本土化发展，依托国内资本市场实现业务扩张；富国银行也专注本土业务并始终执行平衡增长战略，坚持"为美国本土的个人和小企业客户服务"的市场定位，重视对多层次分销渠道的建设。与此同时，对花旗集团而言，做大做好本土业务是其国际化能够持续发力的根本所在。以巩固本土业务为基础，大力发展零售银行业务，通过提供全方位的金融产品和服务积累客户资源，确立在美国金融市场的优势地位。如今，花旗银行已发展成为美国最大的银行，在国内市场形成了"垄断"优势，其国际化水平也属美国所有银行中的排头兵。

（2）加速并购，重塑全球格局。

20世纪90年代之前，美国银行业强调限制垄断和保护竞争，不允许跨州设立分行，形成了以地方性中小银行为主的银行体系，此时的美国银行业主要关注如何内生增长，如何通过并购当地银行拓展国际化业务。例如，花旗集团在1902—1913年通过并购当地银行来布局国际市场，侧重点主要在欧亚与拉美地区。国内并购业务能够显著提升行业集中度，进而提高银行业的整体盈利能力和系统稳健性，为银行后续开展国际化扩张打下良好的基础。

自20世纪90年代美国金融管制放松以来，跨国并购成为银行国际化的主要扩张方式，银行业务分布于银行、信托、证券、理财、投资等各大金融板块。此外，并购重组活动持续活跃，大量中小银行消失，行业结构调整步伐明显加快。这与全球规模空前的第五次兼并收购浪潮的兴起是密不可分的，也反映了经济全球化加速的趋势。在这方面，花旗银行是典型代表，从1998年花旗集团因合并而诞生以来，短短的5年间，花旗进行13笔重大收购。此外，跨国并购不仅能实现银行海外规模的扩张，也能弥补银行自身业务的缺陷。花旗集团合并了墨西哥、韩国、智利等地的多家银行，发展成了一家国际综合性金融服务提供商，并凭借其庞大的营销网络和产品多样化获得了全球竞争优势。摩根大通同样也通过跨国并购来填补自身产品种类及地理范围的缺口。

5.3　英国的银行国际化

18 世纪，英国最早进行了工业革命，圈地运动、海外贸易让英国完成了早期原始资本的积累并且建立了完善的金融体系。长久以来，英国，这个曾经的"日不落帝国"，其银行业的国际化程度早、程度深。英国作为世界金融中心、世界第五大经济体，其开放自由的贸易环境与金融政策为该国的银行国际化发展提供了良好环境。

2020 年，英国正式脱欧后的政治经济形势复杂，在逆全球化浪潮和全球新冠肺炎疫情冲击下，英国银行业发展也面临一定阻力。图 5-6 显示，近 10 年来英国 GDP 增速首次出现负增长，其 GDP 总量仅与 2016 年持平，可见其经济发展停滞带来的挑战。

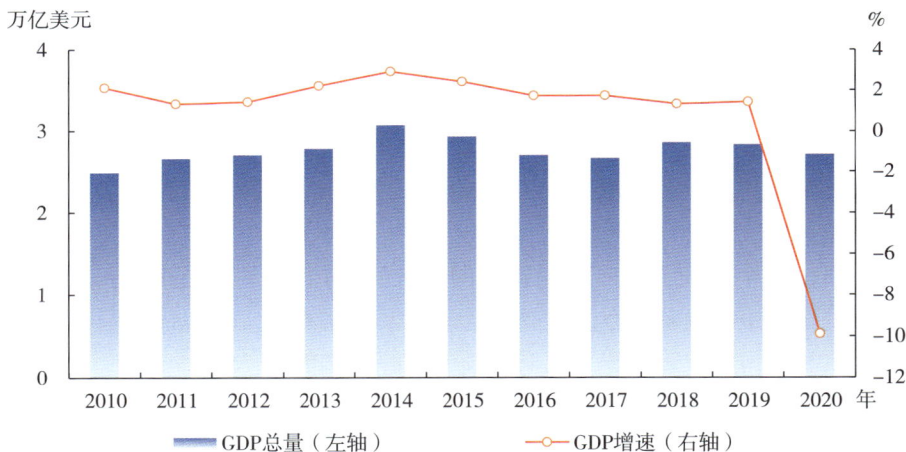

图 5-6　2010—2020 年英国 GDP 总量和增速变化情况
（资料来源：国际货币基金组织、浙大 AIF）

5.3.1　银行国际化发展历程

一直以来，英国银行业始终贯彻落实着开放性发展的战略政策，在 50 多年的国际化经营中开拓市场、积累实践和管理经验，积淀了丰厚的资本，形成了高水平多层次的银行开放格局。在世界范围内，有着领先的发展。

殖民地扩张的萌芽时期，在黑奴贸易中，英国积累了丰富的物资和生产资料，为工业革命创造了条件。在快速机械化和商业化的经济发展中，英国的银行业也蒸蒸日上，并跟随轮船向世界各地远航。

　　第二次世界大战后的收缩时期，英国在偿还第二次世界大战欠下的高达250亿英镑的巨额债务。为了支付军火费用，英国变卖了战前海外投资的1/4，国债较战前增加了两倍，外债高达37亿英镑。第二次世界大战后英国的经济实力开始降低，英国经济陷入依附于美国的地位。

　　加入欧盟后金融自由化，英国银行业迎来高度发展时期。1973年1月，英国加入欧共体，1993年11月1日，欧共体改称为欧盟。欧盟自由贸易区政策促使各国之前的贸易成本降低，经济往来更加密切。随着1986年金融行业重新开放，英国重新实现了银行混业经营的模式，允许银行提供包括证券业务在内的综合性金融服务。重新提出的混业经营模式在一定程度上提高了资金的周转效率以及利润率，极大地促进了银行业的发展。

　　2008年国际金融危机爆发后，受到冲击的英国银行业经历了重大变革，在英格兰银行的救市政策下，英国银行业进行了重新整合。汇丰集团在2012年共处置了26项与主业关联度不大的股权，以便集中精力开展银行业务。苏格兰皇家银行和劳埃德银行由于在2008年接受了政府注资转化为国有银行，在接下来的几年中也采取了收缩政策，意图通过削减分支机构缩小规模，以满足更严格的资本要求，且这两家银行作为本土较大的银行集团，在金融危机后，重心更加集中在本国境内业务的发展和管理，同时也依然保持了较高的银行国际化水平。

　　在图5-7中可见，2016年以来英国银行的BII得分一直呈现增长趋势，这得益于发达的银行业基础以及优秀的管理以及策略布局。这也使英国银行业在面临脱欧和疫情的双重挑战下拥有较高的风险抵御能力。

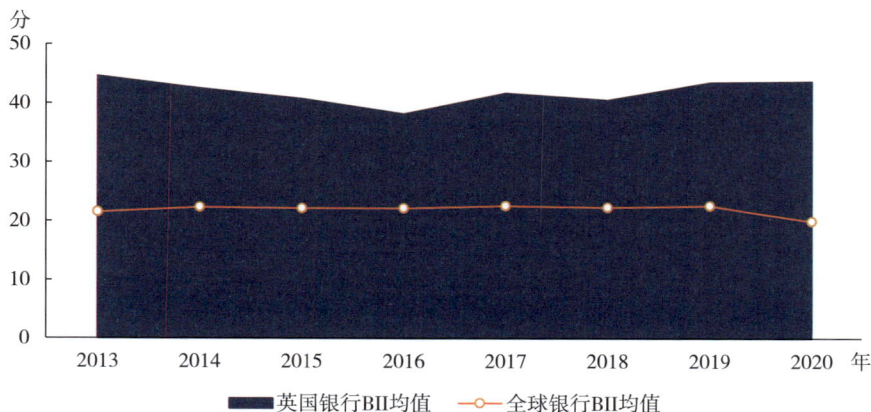

图5-7　2013—2020年英国银行及全球银行 BII 均值

（资料来源：浙大 AIF）

5.3.2 疫情冲击下国际化水平依旧领先

虽然受到脱欧、疫情的双重冲击，英国的银行国际化水平仍然处于世界前列。根据 BII 统计，英国的标准渣打银行、巴克莱银行、汇丰银行的国际化水平得分均位列全球 TOP10，苏格兰皇家银行也位列全球 TOP50，且 BII 排名较上年提升 14 位，英国的银行国际化水平可见一斑。

在新冠肺炎疫情下，英国银行的国际化水平依然位居世界榜首，其原因与这些大型国际银行在世界范围的规模扩大和利润增长相关。汇丰银行在全球的业务覆盖五个大洲的 85 个国家和地区的 8900 万个客户，在全球约有 7200 个办事处，其业务范围包括按揭、批发业、保险等，深入众多国家，拥有稳定良好的业务基础。

从图 5-7 可见，2020 年，全球银行 BII 均值仅为 19.97 分，近十年来首次跌破 20 分大关，而英国银行 BII 均值虽然在 2015 年至 2018 年呈现有小幅波动，但是 2019 年以来呈上升趋势，且 2020 年英国银行 BII 得分为 43.67 分，为 2014 年以来的最高分。由此可见，虽然英国面临正式脱欧、全球疫情等国际性挑战，但因其较为完备的国际资产积累、机构布局和经营成效，英国的银行具有良好的风险抵御能力，并且实现了较好的发展。

如表 5-6 所示，根据 BII 得分情况可知，2020 年英国银行国际化表现相较上年有所波动，但 4 家参与测算的英国银行在全球范围看依然处于世界前列。标准渣打银行的 BII 得分相较 2019 年有所下降，但是仍然保持了全球第一的位置。渣打银行国际化的高水平体现在各个方面。首先，其境外资产积累较多，截至 2020 年末，渣打银行境外资产为 5356.12 亿美元，占总资产的67.88%，进入全球性银行 TOP15。渣打银行的境外资产占比在 2017 年曾达到峰值 72.07%。2020 年，渣打银行的资产规模相较 2019 年增加了 8.7 个百分点，由于近几年境外资产的增长情况趋于平缓，其境外资产规模下降了 1.5 个百分点。受疫情影响，营业收入也有明显下降。汇丰银行的国际化表现更加让人担忧，其境外资产和境外营收占比较去年分别下降了 6.31 个百分点和 4.34个百分点，BII 排名从第 2 名降至第 7 名。2020 年苏格兰皇家银行的境外资产规模和占比均有增加，但是境外营业收入下降了 11.6 个百分点。

表 5-6　2019—2020 年部分英国银行 BII 得分

序号	银行	2019 年 BII 得分	2020 年 BII 得分	BII 变化率	2019 年全球性银行排名	2020 年全球性银行排名
1	标准渣打银行	62.71	61.60	−1.77%	1	1
2	巴克莱银行	36.73	53.55	45.79%	17	3
3	汇丰银行	57.50	50.96	−11.37%	2	7
4	苏格兰皇家银行	8.55	10.03	13.72%	60	46

资料来源：浙大 AIF。

注：因收集到了巴克莱银行更加全面的数据，故其 BII 得分大幅提高。

因本次收集的巴克莱银行数据更加全面，所以得分有了显著的提高。作为英国最大的金融性银行之一，巴克莱银行拥有 300 多年的历史以及覆盖 60 多个国家的海外市场，所以国际化水平处于世界领先位置。2020 年，巴克莱银行的资产总量有小幅提升，且境外占比高达 77.2%，其境外营业收入虽高于 2019 年，但在近十年的境外营收中位居倒数第二，可见疫情和脱欧对其影响。为保证资本的稳定运作，巴克莱银行建立了规范统一的风险管理体系，科学有效地对全过程、各种风险进行管理，努力保证在疫情和脱欧环境下的稳定运作。

为抵抗新冠肺炎疫情带来的经济下行压力，英国实行量化宽松政策，英国央行多次降息，吸引较多贷款，故四家银行的存贷利差均有缩小。但英国银行业仍需警惕不良资产造成的影响。

5.3.3　"后脱欧时代"，机遇与风险相伴相行

英国银行业国际化发展，机遇与风险相伴。英国银行业的国际化促进其规模在全球范围的扩大以及盈利能力的增强，但是英国银行业内部存在的结构性问题也将在脱欧后产生持续性影响。在一定程度上，国际化带来的收益并不均衡，英国的大型国际银行占据了国际化业务的主题，并垄断了大部分的直接业务利润，并且在疫情中起到了"稳定器"的作用。相对小型的本土性银行则未能获得国际业务的直接经济利益，无法在国际化的开放性环境中获益。

（1）在英国与欧盟以及其他国家的经贸合作中，英国也面临一些挑战。脱欧对英国与欧洲的贸易带来负面冲击。欧盟作为英国的第一大出口目的经济体，占英国出口总额的 46.9%，美国和中国分别仅占 11.9% 和 5.1%；同时欧盟也是英国第一大进口来源经济体，占英国进口总额的 52.3%。英国脱欧，与欧盟重新签订贸易协定，部分商品需要缴纳相应的关税和增值税，这将对英国

与欧盟之间的贸易联系产生负面影响。伦敦是世界金融中心之一，脱离了欧盟，英国在国际上的金融地位也会受到一定冲击，也在一定程度上加大了世界金融的不稳定性。

（2）长期而言，英国脱欧或将成为其国际化的新阶段与转折点，开放的市场和金融体系将有利于英国银行业的未来发展。英国脱欧以前，与欧盟内经济小国的银行业协同效应不强，与美国等重要经济体则保持了较紧密的协同联系。脱欧后，英国首相约翰逊设想将英国打造为"全球化英国"，加大向欧洲以外地区的拓展，以缓解"脱欧"给英国在政治、经济和国际影响力上带来的负面冲击。但是面临北爱尔兰问题僵局，脱欧后英国因"原产地规则"向欧盟征收高额关税。

值得关注的是，英国积极参与"一带一路"建设，是亚洲基础设施投资银行的创始成员国，与中国携手共同支持基础设施建设和其他生产性领域投资。英国已与中国签订开展第三方市场合作的谅解备忘录，两国是共建"一带一路"的重要合作伙伴。英国正积极把握"一带一路"的新发展机遇，或将迎来新的发展机会和动力。

5.4　新加坡的银行国际化

新加坡作为一个蓬勃发展的金融中心，享有国际声誉，服务于其国内经济本身与整个亚太地区。自 20 世纪 60 年代独立以来，新加坡经济突飞猛进，国内生产总值曾保持了 10 年两位数的增长。新加坡在过去十年中 GDP 总量总体呈上升趋势，但增速自 2012 年起降回个位数。其中 2015 年 GDP 总量出现负增长，主要是因为中国作为新加坡最大的出口国，其经济增长速度的放缓对新加坡这个出口经济占比突出的国家影响比较大。而 2019 年和 2020 年的经济增长下降则是受到了新冠肺炎疫情和地缘政治不稳定等造成的宏观经济下行的影响（见图 5-8）。

银行业是新加坡经济发展的重要支柱，其良好的经济和政治环境、有力的法律和税收政策、诚信声誉以及对犯罪和洗钱的严格执法等因素促成了新加坡作为国际金融中心的地位——仅次于日本和中国香港的亚洲第三大金融中心。同时，新加坡政府积极引导本地银行通过海内外并购不断壮大，增强其在国际市场上的影响力，应对全球金融的改革和竞争。一方面，本地银行的国际化发展也进一步促进新加坡经济在新时期的发展，加强新加坡作为在全球具有吸引力和辐射力的金融中心地位。另一方面，新加坡政府通过外资银行"请进来"

的办法，丰富了国内银行业的格局，如今新加坡有多达 117 家外资银行和 6 家本地银行在银行业占据主导地位，银行总数仅次于伦敦、纽约和香港。

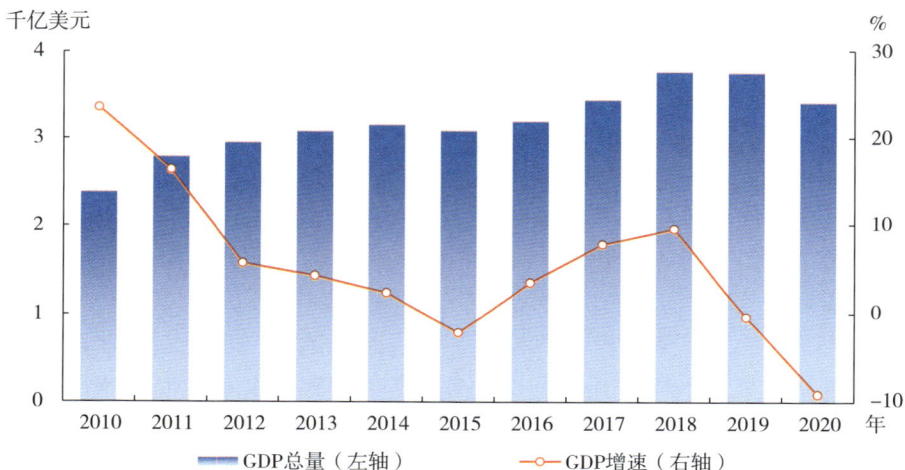

图 5-8　2010—2020 年新加坡 GDP 总量和 GDP 增速变化情况

（资料来源：浙大 AIF）

本报告选取了在新加坡占据主导地位的 3 家银行进行 BII 测算和分析，分别是星展银行、大华银行和华侨银行。2021 年《银行家》最新发布的世界银行 1000 强排名显示，新加坡这 3 家本土银行均位列世界排名前 100。该排名基于一级资本，此为衡量银行实力的关键指标。新加坡 DBS 星展银行在亚洲区域榜排名第 6，世界榜单位于前 60 名，其一级资本规模为 365.06 亿美元；大华银行与华侨银行均跻身世界榜单前 100 名，其一级资本规模分别为 269.66 亿美元与 260.88 亿美元。

5.4.1　国际化水平区域性领先

新加坡作为全球领先的新兴工业化国家，亚太地区重要金融中心，拥有一批较有实力的后起的金融机构，其银行业的国际化发展明显有别于发达国家的大型跨国银行，新加坡的三家大银行星展银行、大华银行、华侨银行为了克服国内市场的限制，从毫无国际化经验到积极外向型扩张，已跻身有一定区域影响力的国际大银行行列。

2010—2020 年，新加坡头部银行的 BII 均值呈现平稳上升的态势，且数值为区域性银行 BII 均值的近两倍，体现出新加坡银行在区域性国际化发展上成效显著。即使在 2020 年全球银行业受新冠肺炎疫情影响跨境发展受到阻碍，区域性银行 BII 均值出现明显下降的情况下，新加坡头部银行的国际化水平仍有小幅上升，区域性抗风险能力较强。作为区域性银行国际化发展的代表，新加坡银行的国际化水平也呈现区域性特色。一方面，参与测算的三家新加坡银行的国际化水平呈现出明显的头部集中效应。2020 年，大华银行和华侨银行的 BII 得分均超过 30 分，进入区域性银行国际化 TOP5，而星展银行的 BII 得分为 24.45 分，进入区域性银行国际化 TOP10。另一方面，由于新加坡银行立足亚太地区的国际化发展战略，其境内外资产与营收水平旗鼓相当，而境外机构国家数占比均未超过 10%，出现明显的短板效应。因此其国际化总体水平相对全球性银行仍存在一定的差距，尤其是与欧美发达国家中国际化水平领先的跨国银行有着近一倍的差距（见图 5-9）。

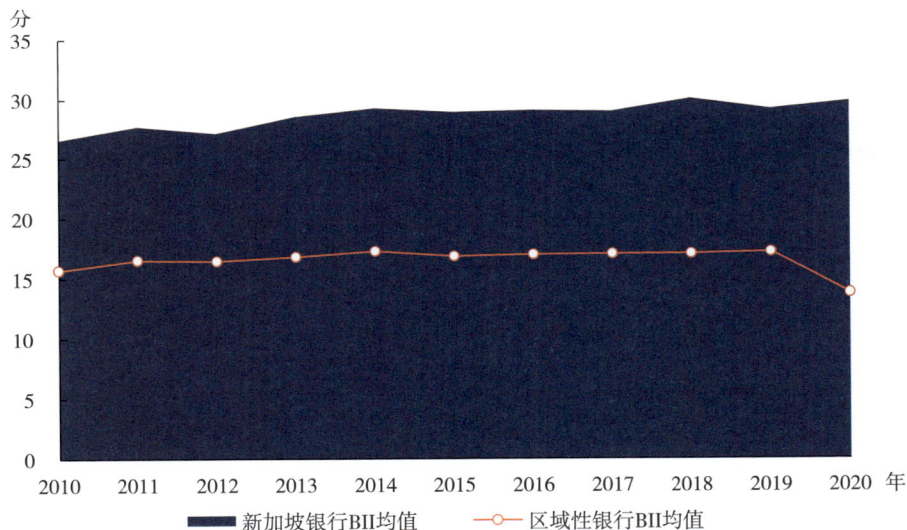

图 5-9　2010—2020 年新加坡银行及区域性银行 BII 均值

（资料来源：浙大 AIF）

5.4.2　重大政策推进银行业的国际化进程

（1）初期受东道国管制和国内保护性政策影响，国际化发展受限。在新加坡建国初期，新加坡银行业在东南亚地区扩张受到东道国政府政策管制的影响。由于东亚及南亚地区在银行业国际化发展中是一个特别的地区，因为传统的家族政治的影响，各国政府大多担心金融自由化后失去对市场的控制，因此对外资银行业往往施加各种管制，导致东亚及南亚银行业中外资银行的参与程度一直较低。例如，1958 年马来西亚政府禁止由外国政府控制的银行获得经营许可，使由新加坡政府主导成立的星展银行无法进入马来西亚发展业务。1997 年金融危机后，亚洲国家谨慎保守的外资银行准入规则才有所松动。

同时期，新加坡金管局也在国内市场有意识地采取了保护性政策，为本地银行发展争取时间，帮助国内银行获得国内市场份额并发展壮大起来。保护性政策包括设置二元银行牌照结构（全面银行、离岸银行），本地银行为全面银行，外资银行为离岸银行。而 1971 年监管层新增限制银行牌照，至此形成了三元牌照体系。此外，金管局规定外资银行参股本地银行的比例不超过 20%。而这一政策在新加坡银行业扩张时，如果东道国政府要求对等的银行业市场开放，就将限制新加坡银行在东道国的发展，最明显的例子就是在纽约和加州，由于新加坡市场对美国银行经营采取了种种限制，新加坡各大银行也不能获得不对称地开设分行的权利（见表 5-7）。

表 5-7　1970—1990 年新加坡商业银行分级牌照及权限

牌照	权限
全面银行	所有新加坡银行法规定的银行业务
限制银行	不可开展新加坡币零售银行业务
	只允许开设一家分支机构
	不可接受低于 25 万新加坡元的定期存款
离岸银行	不能经营零售银行业务
	不能设立分支机构
	只能参与离岸金融业务活动，不可涉及新加坡国内市场
	不可接受储蓄和非银行客户低于 25 万新加坡元的计息存款

资料来源：浙大 AIF。

（2）后期实行对外开放政策，提高本地银行在国际市场上的竞争力。在新加坡银行已经度过了国内成长期，占据了国内主要市场之后，新加坡开始推广金融自由化，从 20 世纪 90 年代开始实行了一系列对外开放政策，允许外国银行进一步进入新加坡市场。1999 年 5 月，新加坡金管局宣布实施五年开放项目，选择了目标明确、谋划缜密、循序渐进的主动对外开放战略。新加坡银行业五年开放项目包括三个重要组成部分：三年内逐步执行一揽子开放方案、改进本地银行的公司治理、取消 40% 的外资投资入股限制。外资金融机构的进入与大规模的发展，带来先进的管理理念、管理技术、雄厚的资金以及高素质的管理人员的同时，使本国金融机构的发展少走弯路，带动了新加坡金融业的繁荣，推动了新加坡国际金融中心的建设步伐。同时，通过开放国内银行业市场，进一步引入竞争机制，提高了国内银行的效率和其在国际市场的竞争力。新加坡本地银行以"走出去"迎接外资银行的"请进来"，加速海外布局，拓宽业务空间，逐渐走出一条具有区域特色的国际化之路，成为区域内最具有竞争力的银行（见表 5-8）。

表 5-8　新加坡政府对外开放政策主要内容

时间	对外开放政策内容
1990 年	外资投资入股股权限制比例由 20% 放宽至 40%
1992 年	离岸银行的新加坡元贷款额度限制由 5000 万新加坡元提高到 7000 万新加坡元
1999 年	开启为期 5 年的银行放宽管制计划： 1. 牌照体系的变化，设立了"特许全面银行"执照（获此牌照的外资银行可开设 10 家分支机构），增加了限制银行牌照的发放，以及给予离岸银行更大的灵活性。 2. 本地银行公司治理的变化，对内采取改进本地银行公司治理的措施。 3. 外资持股比例的变化，取消了本地银行外资持股不超过 40% 的限制
2001 年	赋予特许全面银行开设 15 家分支机构的权限；"批发银行"牌照将取代原有的"限制银行"牌照
2005 年	特许全面银行可开设分支机构进一步放宽至 25 家
2012 年	对于少数主要业务长期根植于新加坡的特许全面银行，可额外授予其开设 25 家分支机构的权限

资料来源：浙大 AIF。

（3）对外开放的同时推进兼并政策，扩大本地银行规模。强大的全球性银行的竞争，促进新加坡银行在国内国外的兼并进程，提高集中度，尤其是对于新加坡这个市场狭小的城市国家来说，减少大银行数量，扩大单体银行规模是很必要的。银行规模是银行国际化的重要内生因素，银行规模越大越有利于国际化发展。在这一政策引导下，新加坡银行在国内国外开始了一轮大规模的并购。星展银行首先在 1998 年完成了对国有的邮政储蓄银行的并购，成为新加坡乃至东南亚最大的银行集团。2001 年，新加坡第二大银行大华银行收购了华联银行。同年末，第三大银行华侨银行收购了吉宝达利银行，至此形成了新加坡银行业"三足鼎立"的局面。以服务取胜的新加坡银行通过兼并的一个好处是能够更好地发挥规模效应，降低运营成本，大量投资于高科技产品，满足新时期客户对服务效率的更高要求，进一步提升其国际竞争力。兼并的另一个好处是改变了过去新加坡国内银行恶性竞争，资源内耗的局面，本地银行能够集中资源以拥有较强的实力与外资银行竞争，也为走向区域化做准备

（见表5-9）。

表5-9　新加坡银行业兼并表

收购银行	收购对象	时间	描述
星展银行	邮政储蓄银行	1998年	星展银行与有着130余年历史的新加坡邮政储蓄银行（POSBank）合并，独占了新加坡超过四百万的银行户。这次合并极大地提高了其在新加坡本地的市场份额并占据了绝对优势，为日后的海外扩张奠定了坚实的基础
大华银行	华联银行	2001年	大华银行以略高于发展银行、总值约100亿元的收购价（约为账面价值的1.94倍）收购华联银行，从此崛起成为新加坡国内最大的银行
华侨银行	吉宝达利银行	2001年	华侨银行以现金52亿元（约为账面价值的1.9倍），收购规模最小的吉宝达利银行，自此华侨银行开启不断的并购活动，逐步形成一家综合化经营的金融集团

资料来源：浙大 AIF。

（4）新加坡银行业的格局改变，内外资股权高度融合。新加坡政府实行的对外开放政策和对内兼并政策深刻地影响了新加坡银行业的格局，也使得本地银行与外资银行的股权高度融合。

首先，外资银行数量先降后升，同时部分龙头外资银行强势崛起。外资银行的数量在开放初期有所减少，由于离岸银行升级成批发银行和亚洲金融危机的影响导致部分离岸银行退出新加坡，直到2007年起逐步回升。而升级为特许全面银行的外资银行分支机构设立放宽，发展空间释放，逐渐占据更大的市场份额。

其次，本地银行市占率整体稳定，但行业集中度上升，海外扩张步伐加快。2001年以来三大本地银行在外资充分渗透本国市场的情况下，牢抓本国机遇，引领国内市场，资产市占率维持在60%～72%。并且通过对内兼并政策，本地银行的集中度提升以减少内部竞争。同时，本地银行也进行海外并购活动，加速海外布局迎接开放。例如，1997年，大华银行（马来西亚）与崇侨银行（马来西亚）合并，随后大华银行陆续收购菲律宾威士茂银行、泰国汇宝银行、华联银行、泰国亚洲银行等，迅速扩大了自身在亚太地区的布局。

最后，本地银行与外资银行的股权高度融合，形成了特色的混合所有制股权结构。外资持股本地银行的比例的放开增强了其参股本地银行的积极性，外资开始持续增持本地银行。以星展银行为例，花旗银行、汇丰银行合计持股比例由 2001 年末的 10%增加至 2018 年末的近 26%，分列第一、第六大股东。目前新加坡本地银行与外资金融机构已经形成了密切的股权关系，三大银行前 20 大股东中均有外资存在，包括花旗银行、汇丰银行、法国巴黎银行、摩根士丹利等，外资的平均持股比例达到 24.7%。

5.4.3　依托地理与文化优势，积极布局国际化

新加坡的三家银行在国际化战略上具有相似之处，即牢牢把握自身定位，立足于亚洲地区开启国际化发展之路，再逐步向泛亚洲与全球扩展。如星展银行自 1986 年在亚洲设立分支机构，积极在亚洲实施区域国际化，广设分销网络，紧密联系传统客户和"新亚洲"投资者，从而获得了"最懂亚洲的外资银行"的美誉，继而利用其"最懂亚洲的银行"的品牌优势，近年将业务范围逐渐扩展到泛亚洲地区，进一步扩大国际版图。

新加坡银行之所以选择亚洲地区作为国际化发展中心，主要是源于较近的空间距离和强烈的文化认同感这一核心竞争力。首先，空间距离对其国际化区位选择有很大影响，新加坡银行早期的扩张也倾向于向距离较近的邻国发展，但由于东道国管制因素，新加坡银行国际化空间扩张并不是严格遵循由近及远的扩散。新加坡银行在国际市场上的另一核心竞争力就是深入了解亚洲各国的文化，熟悉亚洲社会的市场特征，而且能够运用这种敏锐的洞察力协助客户处理各种业务。主要表现在，新加坡人口大多为华人后裔，新加坡各大银行也大多是由华人建立，共同的种族、语言、文化使新加坡银行容易在东道国华人中获得认同感，富有的华人阶层构成了市场潜力的重要组成，使其在东道国更容易打开市场，因此华人经济圈成为新加坡银行扩张的首选，新加坡银行一些分行设立在东道国的华人区就证明了这一点。

第 6 章　Chapter 6

从区域视角看全球银行国际化

国际化通常从区域向全球展开，在新冠肺炎疫情的影响下，贸易范围受到了一定限制，区域化的特点更加显著。本章选择欧盟与 RCEP 组织中的代表性银行，从区域视角分析不同银行的国际化表现，前者是区域一体化的典型代表，由发达国家组成，后者是近几年发起的最具代表性的区域合作倡议，由发展中国家主导。

6.1　欧盟地区的银行国际化

根据银行国际化指数（BII）的跟踪，欧洲地区银行整体的国际化长期处于较高水平。作为世界上区域化程度最高的组织，欧盟致力于打造要素自由流动的统一市场，欧盟的经济发展对于欧洲和世界都有深远影响。2020 年，新冠肺炎疫情席卷欧洲、英国脱欧、难民问题在疫情下转变为社会融入问题，重重考验之下，欧盟的经济表现虽存在波动，但整体仍处于较高水平。

总体而言，欧盟近十年保持了较高水平的区域经济增长，但是在 2020 年疫情和英国脱欧的双重冲击下，2020 年欧盟 GDP 总量为 15.17 万亿美元（根据 2010 年不变价美元计算），同比下降 8.64 个百分点，系 10 年来欧盟 GDP 最大跌幅（见图 6-1）。

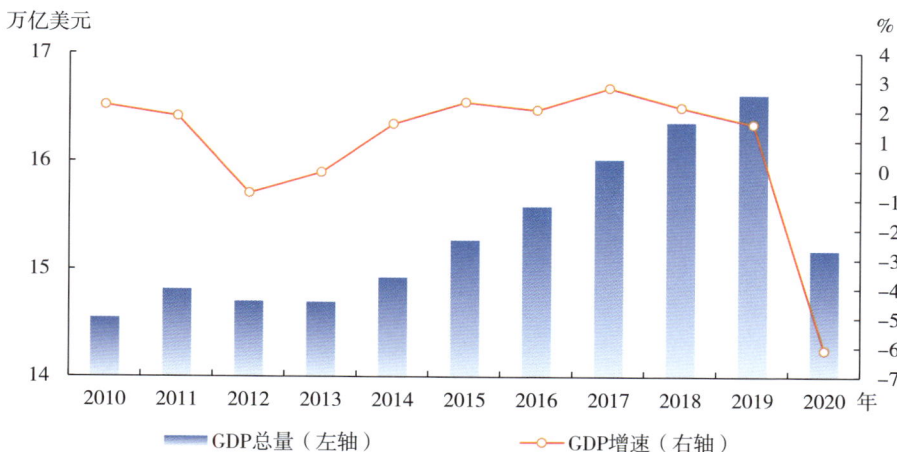

图 6-1　2010—2020 年欧盟 GDP 总量和 GDP 增速变化情况

（资料来源：国际货币基金组织、浙大 AIF）

欧盟作为全球区域化程度最高的跨国组织，其成员国间的金融市场开放程度很高，银行的跨境发展也更为便利。为更加清晰地观察欧盟区域内银行的国际化水平、深入了解跨国合作组织对银行国际化以及面对疫情等危机的影响，本节选取 10 家来自欧盟成员国的银行国际化特点进行分析，这 10 家银行主要来自德国、法国、瑞典、荷兰、西班牙、意大利和斯洛文尼亚。同时，2020 年英国正式脱欧，因欧盟与英国存在密切的经济联系，因此本章将纳入英国的 4 家银行进行比较分析。

6.1.1　国际化水平稳定高位

图 6-2 显示了 10 家代表性的欧盟银行近十年国际化发展情况。可以得知，欧盟成员国银行整体的国际化水平处于世界前列，欧盟银行 BII 均值始终为全球银行 BII 均值的一倍以上。在 2020 年全球新冠肺炎疫情的冲击下，全球银行和欧盟成员国银行的国际化水平均受到了一定挑战，欧盟银行 BII 均值出现十年来断崖式下降，全球银行 BII 均值也出现了大幅下降。

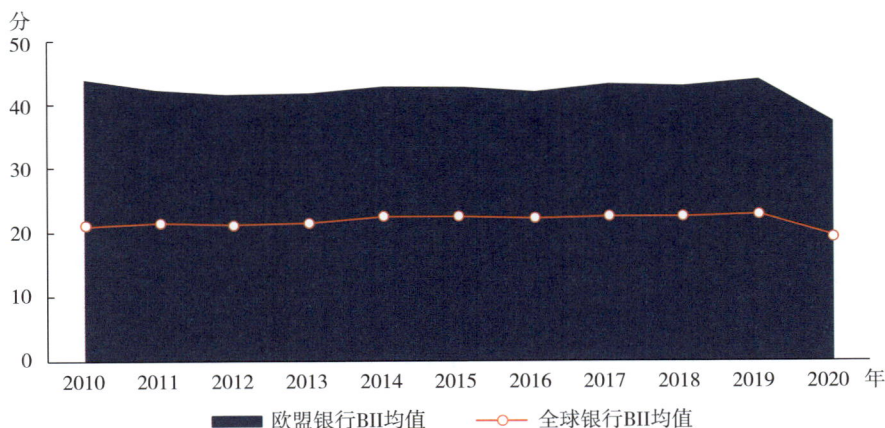

图 6-2　2010—2020 年欧盟银行与全球银行 BII 均值

（资料来源：浙大 AIF）

总体而言，欧盟银行国际化水平长期居高。比较欧盟银行 BII 均值与全球银行 BII 均值，2010—2020 年，欧盟银行 BII 均值长期高于全球银行 BII 均值的一倍以上。欧洲地区汇集了国际化水平最高的一批银行机构，始终有 7 家以上欧盟银行蝉联 BII 得分 TOP20 榜单。2010—2019 年，欧盟银行 BII 均值为 42.66 分，虽然存在小幅波动，但 BII 得分差值始终小于 3 分。2020 年，欧盟银行 BII 均值为 37.37 分，十年来首次跌破 40 分，但仍领先于世界银行 BII 水平，但较之前水平有 12% 的降幅，世界银行 BII 均值也存在大幅下降。

6.1.2　银行间整体差距较小

表 6-1 所示为 10 家欧盟银行在 2020 年的国际化得分与排名情况。总体而言，纳入 BII 计算的 7 个欧盟国家均为发达国家，有良好的金融服务业基础，因本国国土面积小、人口少、银行发展历史悠久，形成了国际化水平高与对外开放的格局。10 家欧盟银行的总体国际化水平均位列 TOP50。

表 6-1　2020 年欧盟银行 BII 得分

序号	银行	国家	BII 得分	BII 变化率	全球性银行排名
1	西班牙国际银行	西班牙	55.79	-3.68%	2
2	荷兰国际集团	荷兰	53.03	-0.38%	5
3	北欧联合银行	瑞典	52.14	-0.84%	7
4	德意志银行	德国	45.60	-1.47%	8
5	联合信贷集团	意大利	42.31	0.64%	12
6	法国兴业银行	法国	40.42	3.14%	14
7	新卢布尔雅那银行	斯洛文尼亚	32.13	18.04%	20
8	法国农业信贷银行	法国	30.07	-1.51%	23
9	法国巴黎银行	法国	27.10	-34.95%	25
10	法国 BPCE 银行集团	法国	17.27	-20.52%	34

资料来源：浙大 AIF。

具体而言，大多数欧盟银行在 2020 年的国际化水平稳定，BII 得分与上年差距较小，且大多数银行的 BII 排名均有进步，但也有个别国家银行国际化水平存在较大变化。其中，斯洛文尼亚的新卢布尔雅那银行 BII 得分较 2019 年有 18.04% 的涨幅，排名进步了 9 名。2020 年新卢布尔雅那银行境外资产占比提高 13.13 个百分点，境外利润占比上升 19.66 个百分点。因斯洛文尼亚人口数量少且政府采取了即时的疫情防控措施，新冠肺炎疫情对其经济冲击较小。加之 2021 年斯洛文尼亚担任欧盟轮值主席国，吸引较多境外资产，并实现较好的境外营收。受疫情冲击影响，法国整体的银行国际化程度出现了较明显的下降。疫情初期，部分欧洲银行选择减少欧洲市场外的信贷投放以保证资金的流动性，并暂停了金融机构新增授信项目的叙做，对银行的国际化水平有一定的冲击。因此，法国巴黎银行和法国农业信贷银行的国际化水平存在较大变化，分别下降 34.95 个百分点和 1.51 个百分点。

6.1.3　疫情下欧盟银行发展受限

新冠肺炎疫情暴发以来，欧洲银行业在欧洲央行超宽松货币政策支持下，通过增加借贷保障了实体经济流动性，但盈利水平低、机构冗余、数字化能力不足等矛盾依然突出。

疫情危机下，维持信贷投放能力主要取决于以下三大因素：一是维持金融体系的高流动性水平；二是维持合理的利差空间，使银行在低利率环境下正常盈利；三是维持较高的资本充足率，增加银行信贷规模。为了维持金融系统稳定、促进实体经济的发展，欧洲中央银行加大了量化宽松的力度，于 2020 年 3 月中旬提出了总额 7500 亿欧元的紧急抗疫购债计划，并两次增持，总金额高达 1.85 亿欧元。与此同时，欧洲中央银行在疫情期间放宽了银行再融资的门槛，有效解决了银行同业市场上流动性不足的问题。

面对疫情，资金流动性受限，欧洲银行普遍选择将有限资金用于刺激欧盟实体经济，降低金融系统风险。部分欧洲银行暂停了金融机构新增授信项目的叙做，并减少了欧洲市场外的信贷投放。例如，法国巴黎银行的 BII 得分相较 2019 年有较大下降，其主要原因在于 2020 年巴黎银行境外营收为 12318 百万欧元，境外营收占比为 27.82%，与 2019 年巴黎银行的 30559 百万欧元相比，其营收下降了超过半数。实乃在疫情初期全力援助其核心市场的企业客户群，促进实体经济发展。

6.1.4　英国脱欧对欧盟冲击明显

图 6-3 显示，英国脱欧后，欧盟银行的国际化程度受到较大影响，欧盟银行 BII 均值跌幅超过 3 分，同时 2020 年英国银行 BII 得分均值不降反增。

英国 2020 年 GDP 和 2006 年 GDP 都为 2.71 亿美元，经济停滞状况和疫情冲击的影响可见一斑，其银行的国际化表现也出现了波动。英国的渣打银行、汇丰银行、苏格兰皇家银行在全球银行中表现突出，英国脱欧后，在复杂的经济和疫情形势下，其国际化水平仍保持增长。渣打银行资产占比提升，营收额下降，境外营收下降更为明显。2020 年渣打银行境外资产为 535.61 亿美元，其占比相较 2019 年下降 1.5%，境外营业收入为 12.83 亿美元，其占比也有较明显的下降。汇丰银行 BII 排名下降，被西班牙国际集团反超。受英国脱欧影响，英国的金融服务业正在向法兰克福、巴黎等地进行转移。脱欧持续影响英国进出口贸易。非关税壁垒上升是英欧之间贸易下滑的主要因素。英国与欧盟之间的金融贸易往来紧密，为促进双方共同发展，应尽量减少英国金融服务业与欧盟的摩擦。

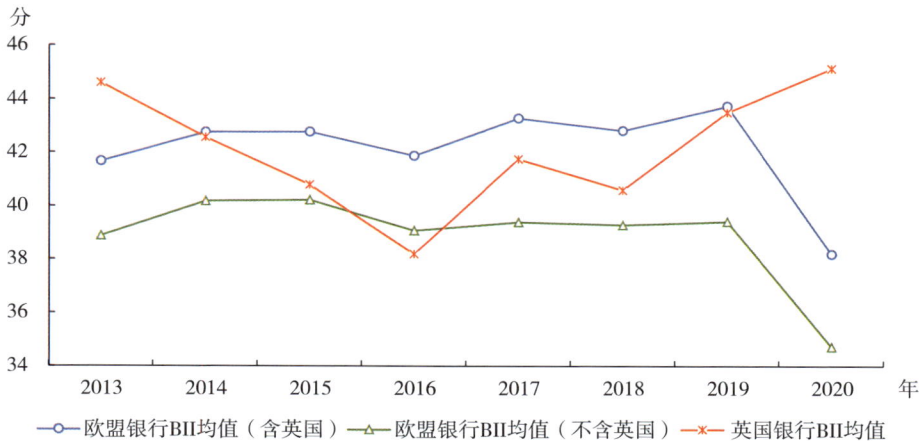

图 6-3　2013—2020 年英国银行对欧盟银行 BII 均值的影响

（资料来源：浙大 AIF）

6.1.5　后疫情时代欧洲银行的发展

受新冠肺炎疫情冲击，全球银行业经营状况和国际化水平普遍表现不佳。据统计，欧盟银行的税前利润、平均 ROA 和 ROC 大幅下降。疫情下停工停产与区域封锁限制等措施对宏观经济造成巨大打击，银行通过量化宽松政策缓解经济压力，并大力计提拨备缓解资产压力，进而导致银行业盈利能力下降。

后疫情时代为解决欧洲银行长期存在的结构性问题提供条件，疫情加速了银行客户对数字化渠道的应用，促使银行业务转型、多元化发展。数字化经营，能够深度挖掘客户洞见，发掘潜在客户；信息化平台，能全过程监督资金运营信息，保持信贷资产持续健康运营。同时，银行可构建以分布式存储网络为基础的数据中心，形成安全的数据存储和访问系统，促进银行信贷业务、风控、营销一体化协同，对客户进行分类分层管理，并对银行业务进行整体把控，提高协作影响力，降低系统风险。

营销方面，受疫情影响，客户的行为习惯受到深刻改变，客户对银行数字化产品的接受程度提高。银行可采用全渠道营销的方法，通过多个渠道向客户打造统一、专业的企业形象，挖掘潜在客户及其需求，以提高个性化服务水平。手机银行和网上银行的广泛应用还能打破区域限制，促进银行业务全球化发展。

6.2　RCEP 组织的银行国际化

RCEP 是由东盟发起，由中国、日本、韩国、澳大利亚、新西兰和东盟十国共 15 个成员国制定的协定。2020 年 11 月 15 日，第四次区域全面经济伙伴关系协定（RCEP）领导人会议以视频方式举行，会后东盟十国和中国、日本、韩国、澳大利亚、新西兰共 15 个亚太国家正式签署了《区域全面经济伙伴关系协定》，旨在共同建立一个现代、全面、高质量以及互惠共赢的经济伙伴关系合作框架，以促进区域贸易和投资增长，并为全球经济发展做出贡献。RCEP 的签署标志着当前世界上人口最多、经贸规模最大、最具发展潜力的自由贸易区正式运行。相关数据显示，RCEP 15 个成员国覆盖了全球 22 亿人口，2020 年 GDP 总量达 26.05 万亿美元。RCEP 对于亚太经济发展以及世界经济有着重要影响（见图 6-4）。

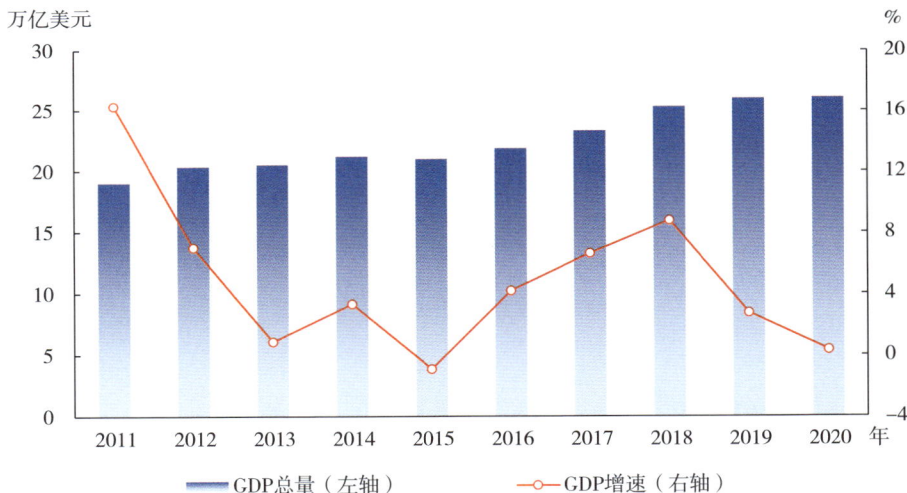

图 6-4　2011—2020 年 RCEP 成员国 GDP 总量和增速变化情况

（资料来源：浙大 AIF、国际货币基金组织）

基于 RCEP 协议，成员国之间资源配置的门槛降低、配置效率提高，有利于区域内国际分工的深化以及产业链供应链的紧密结合，有力支持自由贸易和多边贸易体质，促进全球经济形成正向预期，促进全球经济复苏。

作为近年来全球影响力不断扩大的合作协议，RCEP 为区域合作以及全球银行的发展布局提供了新方向，也让人们更加关注其成员国银行的全球化发展状况。为了更清晰深入地考察成员国银行的国际化水平、探索 RCEP 协定对银行国际化的作用，本节对其中的 37 家国际银行进行 BII 指数分析，其中包括 13 家中国银行、3 家日本银行、3 家韩国银行、3 家新加坡银行、4 家澳大利亚银行、4 家印度尼西亚银行、1 家马来西亚银行、1 家柬埔寨银行、1 家越南银行、3 家泰国银行、1 家菲律宾银行。

6.2.1　RCEP 国际化水平震荡发展

RCEP 的签署旨在消除区域经贸壁垒，深化经济技术合作，降低贸易争端，积极打造公开、透明、公平竞争的市场。2020 年，逆全球化潮流冲击全球经济体制，贸易保护主义、单边主义盛行，新冠肺炎疫情席卷全球，极大地冲击了全球产业链、供应链。虽然 RCEP 的成立一定程度上为成员国之间的贸易和货物交易消除障碍，但国家间的经济往来受到影响，银行的 BII 指数也有较大的震荡。2020 年，大多数 RCEP 成员国银行国际化程度在逆境中仍有所进步，但中国、泰国、印度尼西亚的银行国际化程度受到了一定的冲击（见表 6-2）。

表 6-2　RCEP 成员国银行 BII 得分

序号	银行	国家	BII 得分	BII 变化率	全球性银行排名
1	三菱东京日联银行	日本	45.1	6.6%	10
2	大华银行	新加坡	32.8	5.5%	18
3	华侨银行	新加坡	32.29	6.5%	19
4	马来亚银行	马来西亚	26.94	6.0%	26
5	中国银行	中国	26.87	−2.9%	27
6	新加坡星展银行	新加坡	24.43	−6.9%	30
7	中国工商银行	中国	17.11	−3.8%	34
8	澳新银行	澳大利亚	16.31	−4.7%	35
9	盘谷银行	泰国	16.16	32.0%	36
10	澳大利亚国民银行	澳大利亚	16.09	4.1%	37
11	澳大利亚联邦银行	澳大利亚	12.88	6.2%	40
12	友利银行	韩国	9.95	12.0%	45
13	交通银行	中国	8.55	−3.2%	49
14	中国建设银行	中国	7.87	−0.6%	51

续表

序号	银行	国家	BII 得分	BII 变化率	全球性银行排名
15	中国农业银行	中国	6.61	4.4%	52
16	日本瑞穗银行	日本	6.43	−81.7%	54
17	印度尼西亚国家银行	印度尼西亚	5.31	27.3%	55
18	西太平洋银行	澳大利亚	4.8	−50.6%	57
19	上海浦东发展银行	中国	4.36	3.6%	59
20	中国民生银行	中国	4.25	0.5%	60
21	曼迪利银行	印度尼西亚	3.35	−1.2%	68
22	中信银行	中国	3.3	−22.9%	69
23	中国光大银行	中国	2.85	−1.4%	72
24	中国招商银行	中国	2.72	−5.9%	73
25	印度尼西亚人民银行	印度尼西亚	2.16	13.1%	77
26	暹罗商业银行	泰国	1.78	−39.7%	78
27	兴业银行	中国	1.1	−10.6%	81
28	中国广发银行	中国	0.83	−17.8%	86
29	亚洲中央银行	印度尼西亚	0.56	0.0%	87
30	平安银行	中国	0.55	48.6%	88

资料来源：浙大 AIF。

表 6-2 显示，RCEP 成员国的银行国际化水平相较 2019 年呈上升趋势，其中 50% 的银行 BII 指数分数上升，有 1/3 的银行 BII 指数的呈现超过 5% 的增长，也有半数银行的 BII 指数为负增长，但 RCEP 成员国银行的国际化水平与 2019 年比较均有提升。其中，泰国的盘古银行、印度尼西亚国家银行、中国的平安银行的 BII 得分涨幅分别高达 32%、27.3% 和 48.6%；也有日本的瑞穗银行、澳大利亚的西太平洋银行出现大幅度下降。这也体现了 RCEP 的国际化水平呈现震荡发展的形势。

6.2.2　银行间表现趋于多元

RCEP 成员国包括日本、韩国、澳大利亚、新西兰 4 个发达国家和 11 个发展中国家，其中包括老挝、缅甸等亚洲最不发达的国家，因此，这些国家的银行国际化表现也是多样化的（见图 6-5）。

分

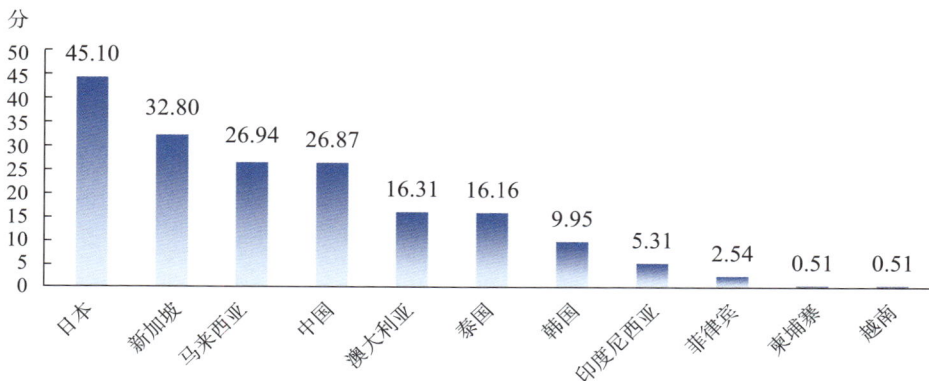

图 6-5　RCEP 国家 2020 年 BII 指数

（资料来源：浙大 AIF）

具体而言，RCEP 成员国银行国际化表现具有以下特点。第一，成员国银行国际化水平呈阶梯状分布：第一梯队，日本的三菱东京日联银行、新加坡的大华银行和华侨银行 BII 排名在全球性银行榜单中成功进入 TOP20，有较高的国际影响力；第二梯队，如中国、澳大利亚、韩国、印度尼西亚的银行，有少数国际化水平较高的代表性银行，但是国家总体的银行国际化发展水平与世界一流存在差距；第三梯队，如菲律宾国家银行、越南工商银行等跨境业务仅涉及周边邻国，其本土业务仍占主导地位，尚未完成银行国际化布局。第二，尽管 RCEP 成员国银行国际化水平呈上涨趋势，但是不同银行的 BII 得分涨跌互现。2020 年，韩国、新加坡、澳大利亚的银行 BII 得分及排名整体有提升，中国、印度尼西亚的银行中部分 BII 得分较 2019 年有较大提升，也有部分银行 BII 得分受疫情影响倒退。

6.2.3　RCEP 代表性银行分析

RCEP 成员国的代表性银行资产结构、服务定位各不相同，在国际化程度上呈现多样化发展（见表 6-3）。

表 6-3　2020 年 RCEP 代表性银行数据

银行	国家	境外资产占比	境外营收占比	BII 指数
大华银行	新加坡	41.71%	47.04%	32.80
马来亚银行	马来西亚	44.98%	26.69%	26.94
印度尼西亚国家银行	印度尼西亚	9.07%	3.31%	5.31

资料来源：浙大 AIF。

以大华银行为代表的国际化水平全球 TOP20 的银行有良好的资产配置以及营收成绩,是 RCEP 中优质的银行。在疫情期间,大华银行推行"无接触式"金融服务,极大地提高了手机银行、网上银行的渗透率,为其提供了较好的营收。

在疫情冲击下,国际金融市场大幅波动,各大央行实行量化宽松政策。在各国逆周期调控政策不断加码的背景下,银行大幅扩大授信规模,资产规模扩张速度相对较快。以马来亚银行为代表的银行,拥有较高的境外资产占比,但是境外营收占比仍然较小。

印度尼西亚国家银行,在境外拥有丰厚的资产储备,但是也有大量的境外负债,因此境外资产净值占比仅为 0.94%,但这能促进资本的流通,便利跨国贸易,2020 年印度尼西亚国家银行的境外营收相较 2019 年涨幅超过 3 倍,使印度尼西亚国家银行的 BII 排名进步了 10 名。同时,印度尼西亚国家银行也在积极履行 RCEP 的相关协议,进行启动本币结算合作框架,促进进出口贸易。

6.2.4 RCEP 与 CPTPP 的比较

目前,亚太地区存在 CPTPP 和 RCEP 两个协定。2017 年美国退出《跨太平洋伙伴关系协定》(TPP)后,剩余 11 个成员国将协议更名为《全面与进步跨太平洋伙伴关系协定》(CPTPP)。

RCEP 的签署是对 CPTPP 的有效对冲,防止其成员国对外形成贸易壁垒。RCEP 协定在货物交易方面优势明显,原产地累积规则、签约国间 90% 的货物实行零关税,有利于促进产品贸易,稳定和强化区域供应链。

CPTPP 保留了 TPP 超过 95% 的内容。在其框架下,签约国间 95% 的货物实行零关税。该协定还致力于取消成员国之间投资、服务和数据的障碍,为成员国间开展零售、银行和电子商务带来更大的机遇。同时,CPTPP 涉及更多的发达国家,金融服务的产业更加高端。

不容忽视的是,RCEP 部分规则相比 CPTPP 约束力弱。日本、新加坡等 6 个国家同时是 CPTPP 与 RCEP 的成员国。如果 RCEP 约束力太弱,将会在规则竞争中落后,进而会被边缘化。因此,RCEP 需要与时俱进推动规则的升级,提高成员国之间的联系,完善争端解决机制,并努力吸纳印度等周边国家,提高区域竞争力。

6.2.5　RCEP 在后疫情时代的发展

在后疫情时代，RCEP 除了包括消除贸易投资壁垒、创造和完善自由的投资环境、扩大服务贸易，还包括知识产权、电子商务、竞争、政府采购等大量规则内容。多样化的服务有利于 15 个国情迥异的成员国开展多领域、多层次、多方位的经济合作。在进行双边或多边合作时，共同挖掘产业、贸易中的增长点，形成更加紧密的贸易链条，促进成员国乃至世界的经济复苏。

在新冠肺炎疫情的持续影响下，区域内数字经济的发展在未来或将成为趋势。多年来，东盟各国出台了多项重大规划，如《东盟电子商务协议》和《东盟数字融合框架》，同时中国也在发展"数字丝绸之路"，在各国的共同努力下，将促进数字经济的融合，为数字贸易提供市场机遇以及自由便利的条件。

对中国而言，RCEP 成员国之间的数据要素贸易所涉及的市场性交易成本，将随着数据交易平台的完善而降低制度性交易成本，使得以大数据为主要生产要素的人工智能等产业在中国蓬勃发展成为可能，这将促进跨境贸易与投资的便利化以及数字贸易要素的聚集。RCEP 成员国之间乃至全球的数字化贸易将推动中国企业加大走出去的步伐、加速人民币国际化进程，推动中国的金融科技机构从本土走向全球。

全球银行国际化案例

1. 中国工商银行

中国工商银行是中资银行国际化的"佼佼者"之一，该银行在 2020 年全球性银行中的 BII 排名为第 49 名，在中资银行的国际化排名中为第 2 名，但与第 1 名的中国银行存在着近 10 分的分差。虽然综合来看其国际化发展水平一般，但在一定程度上也是中资银行国际化探索的典型代表。

1.1　国际化概况

成立于 1984 年的中国工商银行是中资银行探索国际化的"先驱者""领头羊"。工商银行连续 8 年位列英国《银行家》全球银行 1000 强和美国《福布斯》全球企业 2000 强榜单榜首、位列美国《财富》500 强榜单全球商业银行首位，连续 5 年位列英国 Brand Finance 全球银行品牌价值 500 强榜单榜首。从 1984 年工商银行深圳分行开办外汇存贷业务迈出了它在国际化道路上坚实的第一步开始，工商银行不断进行实践探索，努力成为具有全球竞争力的世界一流现代金融企业。

1.2　国际化发展历程

1.2.1　首次跨越、初步尝试（1984—1993 年）

1984 年 12 月，成立不满一年的工商银行在深圳分行开办外汇存贷业务，打破了我国仅有中国银行经营外汇业务的局面，迈出了国际化的第一步。1985—1986 年，工商银行相继在广东、福建、上海等沿海经济特区开办外汇业务，并逐渐拓展外汇业务的品种和范围。并且在 1987 年末，工商银行的外汇业务从沿海地区向内陆地区扩张。

1992 年，工商银行在新加坡设立第一家海外分支机构，工商银行开始走出国门，正式向国际化银行迈进。工商银行的外汇业务经营范围、业务品种、业务量快速增长，发展成为仅次于中国银行的国内第二大外汇银行。然而，受制于经济金融体制、政策法律环境以及自身业务水平，工商银行早期的国际化发展存在本外币结合不充分、风险管理不健全等一系列问题。

1.2.2　实践摸索、网络铺开（1994—2004 年）

1994 年，我国银行业开始放松外汇管制力度，实行以汇率并轨为核心的外汇管理体制改革，这为工商银行国际业务多元化发展提供了有利的发展条件。1994—1999 年，工商银行的海外版图稳步扩充，相继成立了 6 家海外分支机构。

进入 21 世纪后，工商银行在 2000 年提出"壮大亚洲、巩固欧洲、突破美洲"的跨国经营战略，并开始尝试以"申设+购并"的方式进行海外扩张。

2000 年 7 月，工商银行开创国内银行运作海外资本先河，成功收购香港友联银行，并将其改名为工银亚洲。2003 年 12 月，工银亚洲成功收购比利时富通银行的全资附属子银行——华比富通银行，开创国内银行收购欧资银行先例。2000—2004 年，工商银行通过申设、收购、兼并等方式，建立了 100 多家境外分支机构。各家海外分支机构扎根于当地本土市场，优化业务结构、提升经营效益、严控经营风险，实现可持续发展。

1.2.3　黄金十年、火力全开（2004—2015 年）

2005—2014 年，工商银行大力推进境外机构布局，形成了以中国香港为中心、覆盖主要国际金融中心、辐射我国主要经贸合作地区的全球化经营网络，成为境外机构覆盖范围最广的中资银行。

2009 年，工商银行开始启动跨境人民币业务。2013 年 2 月，工商银行新加坡分行成为中国人民银行指定的首家境外人民币清算行。2014 年末，工商银行的境外人民币清算行已实现横跨欧、亚、美三大洲，覆盖 75 个国家和地区。同时，工商银行创造了多项"首笔"记录，包括首笔跨境人民币信用证、首笔跨境人民币贸易融资、首笔跨境人民币项下资本结算等。

1.2.4　稳中求进、全力提升（2015 年至今）

2015 年，工商银行收购土耳其 Tekstil Bank 92.8% 的股份，成为首家在土耳其设立分支机构的中资银行，这为"一带一路"建设提供了金融支持。在"一带一路"的政策引导下，中国工商银行努力寻求全球并购机会，努力增强"一带一路"经济带的业务往来。

近些年来，工商银行不再满足于更广的网络覆盖，进而向内涵式发展转变，更注重在已有机构本土化、综合化能力提升的同时，进一步推动境外机构的转型发展，形成更高水平的全球影响力。

1.3　国际化特征

1.3.1　境外业务比重不断提高

截至 2020 年末，境外资产占比高达 12%，而在十年前的 2011 年，其境外资产占比仅为 5.12%。自 2016 年开始，工商银行的境外资产占比稳定在 12% 到 13%，这一方面说明了工商银行近些年的国际化进程趋于平稳，另一方面也肯定了工商银行在国际化道路上所作的不懈努力。

虽说工商银行与国际化程度第一梯度的中国银行存在较大差距，那是由于中国银行悠久的国际化发展历史，它曾长期先后行使中央银行、国际汇兑银行和国际贸易专业银行的职责。然而，与中国建设银行和中国农业银行相比，中国工商银行存在明显的国际化优势，这两家银行的境外资产总和也只有中国工商银行的 70% 左右（见图 1）。

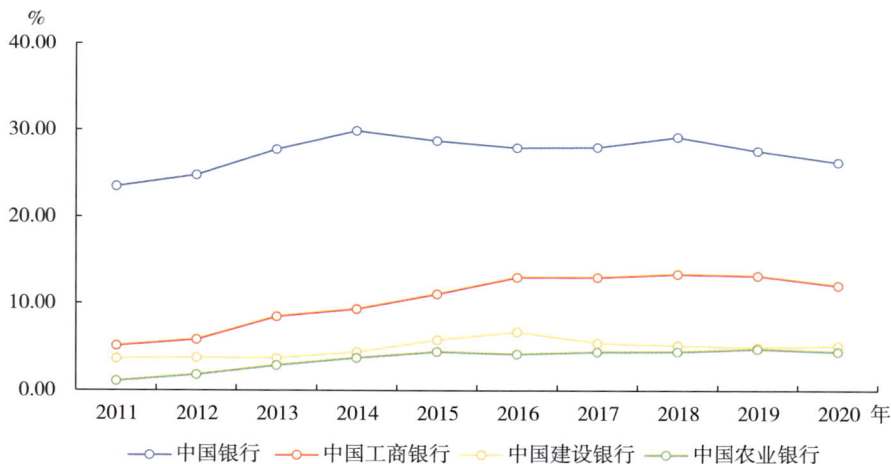

图 1　2011—2020 年各银行境外资产占比

（资料来源：浙大 AIF、工商银行年报）

观察近十年来工商银行境外利润占总利润的占比不难发现，2017 年之前境外利润的占比呈现出不断攀升的趋势，而在 2017 年之后的境外占比开始逐年下降。这不仅说明了工商银行的境外盈利手段在不断丰富，全球布局在进一步扩展，同时也是工商银行在不断摸索和实践适合其长期发展的国际化道路

（见图2）。

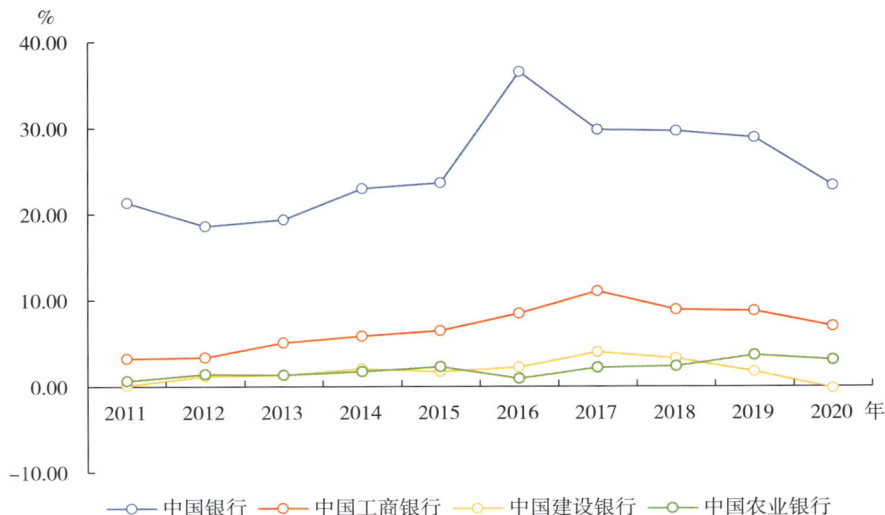

图 2　2011—2020 年各银行境外利润占比

（资料来源：浙大 AIF、工商银行年报）

1.3.2　股权集中化，运营国际化

截至 2020 年末，工商银行前两大股东汇金公司与财政部持股比例合计达到 65.85%，前三大股东持股比例超过 90%，其余大部分股东持股比例均不超过 1%，前十大股东持股比例合计为 96.05%。较为集中的股权分布可以保证工商银行经营策略的统一性与风险兜底能力的一致性（见表 1）。

工商银行始终致力于完善全球网络布局，纵观 2020 年，奥克兰分行正式开业，巴拿马分行获颁银行牌照。截至 2020 年末，工商银行在全球 49 个国家和地区共建立 426 家境外机构，通过参股标准银行集团间接覆盖非洲 20 个国家。

表 1　工商银行 2020 年前十名普通股股东持股情况

股东名称	股东性质	股份类别	持股比例（%）	质押或冻结的股份数量
汇金公司	国家	A 股	34.71	无
财政部	国家	A 股	31.14	无
香港中央结算（代理人）有限公司	境外法人	H 股	24.18	未知
社保基金理事会	国家	A 股	3.46	无

续表

股东名称	股东性质	股份类别	持股比例（%）	质押或冻结的股份数量
中国平安人寿保险股份有限公司-传统-普通保险产品	其他	A 股	1.03	无
中国证券金融股份有限公司	国有法人	A 股	0.68	无
香港中央结算有限公司	境外法人	A 股	0.33	无
中央汇金资产管理有限责任公司	国有法人	A 股	0.28	无
中国人寿保险股份有限公司-传统-普通保险产品-005L-CT001 沪	其他	A 股	0.13	无
太平人寿保险有限公司-传统-普通保险产品-022L-CT001 沪	其他	A 股	0.11	无

资料来源：浙大 AIF、工商银行年报。

1.3.3　建立分支机构与海外并购并行近些年谨慎并购

以 2006 年为界限，2006 年之前，中资银行的海外扩张模式主要以设立分支机构（即开设分行）为主。而 2006 年以后，中资银行的海外扩展模式以发起跨境并购为主。2006 年，工商银行在境外的机构只有 98 家，仅仅 15 年的时间，截至 2020 年末，境外机构数量增加了近四倍。同时，2011 年期间境外机构增长率高达 60.25%，从 239 家直接跃升为 383 家。然而，近三年来，工商银行作风谨慎，境外机构数量基本保持着动态平衡。这体现了目前工商银行的海外业务正在逐步走向调整和稳定，暂时停止了快速增长的态势（见图 3）。

其中，2006—2020 年，根据年报的不完全统计，工商银行共计发起了 13 起并购，整体的境外扩张呈现出建立分支机构与海外并购并行的趋势。其中不难看出，近些年来的海外并购的步伐也变得越来越平缓（见表 2）。

表 2　工商银行并购大事件

时间	并购大事件
2007-01	收购印度尼西亚哈林姆银行 100%股份
2007-08	收购中国澳门诚兴银行 79.93%股份
2007-11	收购南非标准银行集团 20%股份，成为第一大股东

续表

时间	并购大事件
2009-09	收购美国盘古银行 19.26%股份
2010-01	收购加拿大东亚银行 70%发行在外的普通股
2010-04	收购泰国 ACL 银行约 97.24%的已发行股份，成功收购 ACL 银行控股权
2011-01	收购美国东亚银行 80%的股权
2011-03	从东亚银行收购工银加拿大额外 10%股权的权利，对工银加拿大的持股比例由 70%增至 80%
2011-03	完成了对工银泰国的退市自愿要约收购
2012-05	收购东亚银行（美国）的股权
2012-07	完成了对东亚银行（美国）的收购
2012-12	完成了对阿根廷标准银行 80%股权的收购
2015-05	完成了对土耳其 Tekstil Bank 75.5%股权的收购

资料来源：浙大 AIF、工商银行年报。

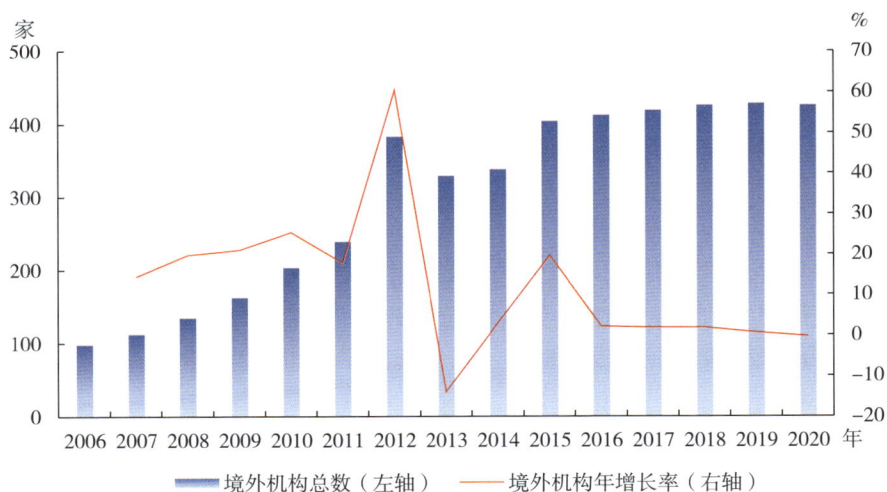

图 3 工商银行境外机构总数和年增长率

（资料来源：浙大 AIF、工商银行年报）

1.3.4 国际化布局逐渐向"一带一路"沿线调整

工商银行海外业务的发展态势不仅表现在数量上的扩张上，也表现在总体布局上的调整上。传统上，工商银行的海外发展思路为立足于欧美金融中心，但随着"一带一路"建设的逐步推进，中国工商银行也积极向"一带一路"沿线国家布局和倾斜。

截至 2020 年末，工商银行在"一带一路"沿线 21 个国家拥有 124 家分支机构，与 143 个国家和地区的 1436 家境外银行建立了代理行关系，服务网络覆盖六大洲和全球重要国际金融中心。工商银行积极参与"一带一路"建设、国际产能合作、优势产能输出，为"走出去"战略和"一带一路"建设提供金融支持。

银行国际化恰逢"一带一路"建设这一不可多得的历史机遇，无论从海外机构布局还是人民币跨境业务发展都能给商业银行带来量的提高和质的发展。工商银行如何妥善处理"一带一路"建设带来的机遇和挑战有利于其长期的国际化建设。

1.4　国际化潜在发展机遇

重视并购后的整合。自 2015 年开始，工商银行已逐步放缓其海外扩张和并购的脚步，为了能更好地享受并购所带来的红利，工商银行应高度重视其并购后的整合，包括人力资源的整合、文化的整合、组织的整合和战略的整合。汇丰银行在收购米特兰银行后，对于收购对象的整合方法值得我们学习；花旗银行利用金融控股模式来极大地减少并购后可能出现的矛盾，因此工商银行可以多多学习同行们的经验，制定出更有针对性、更有效的整合方案。

人民币境外清算行的安排。我国商业银行在发展海外机构时应当明确人民币境外清算行的目标定位，着眼于境内机构发展和海外综合服务能力的提高，加快人民币境外清算行的建设；同时也要积极构建高效安全的跨境清算体系，借助人民币境外清算行建设的良机，在国际市场上树立良好的品牌形象，提升在离岸市场的影响力，更好更快地实现国际化。

统筹国内国际的"双循环"，工商银行应优化境外机构布局。习近平总书记多次强调，"双循环"绝不是简单的闭关锁国，而是要继续扩大对外开放。因此，中资银行要继续坚持在境外建立分支机构；同时，针对中资银行国际化过程中出现的分支机构布局不合理和员工结构不合理等问题，及时调整结构。全球疫情肆虐，美国以美元贬值的方式向世界各国转嫁其疫情冲击，使世界各国对以美元为核心的支付体系和货币体系的安全性产生怀疑。工商银行更应积极借助"一带一路"建设等对外投资项目，在沿线各国建设和形成以人民币为主的结算体系和支付体系，拓宽人民币在"一带一路"沿线国家的使用范围和使用场景，逐步实现人民币在"一带一路"沿线国家的国际化，最终实现人民币的国际化。

2. 招商银行

招商银行是中国第一家完全由企业法人持股的商业银行，也是中国最早市场化的银行。招商银行在 2020 年全球性银行中的 BII 排名为第 73 位，排名较上年提高了 10 位。招商银行作为我国股份制银行中的佼佼者，研究其国际化道路的发展特点可以为更多的股份制银行提供经验，打破大型银行海外发展的"垄断"地位。

2.1 国际化背景

招商银行成立于 1987 年，总部设立于中国改革开放的最前沿城市——深圳，起初只拥有资本金 1 亿元人民币，一个营业网点，三十几名员工，截至 2020 年末，资产总额已达 8361 亿元人民币，在职员工人数超过 9 万人。2002 年，招商银行成功登陆 A 股；2006 年，招商银行 H 股成功上市，现已跻身于全球 100 家大银行之列。招商银行在 2020 年全球性银行中的 BII 排名为第 73 位，较上年提高了 10 位。在英国《银行家》最新发布的全球银行 1000 强中，招商银行排名第 14 位，名列中国股份制银行首位。

招商银行的国际化经营历史较为短暂，并且截至 2020 年末，招商银行仅在 8 个国家和地区设立了 10 家分支机构，数量少、规模小、国际化发展速度缓慢，整体上仍处于萌芽阶段。

2.2 国际化大事件

2002 年，招商银行香港分行成立。招行毗邻中国香港，良好的地理位置优势提供了便利；随着香港的回归，内地与香港地区之间的经济交往越发频繁，有相应的服务需求，因此选择香港作为第一个国际化地点是最合适不过的。2020 年，香港分行重点聚焦"一带一路"、人民币国际化和粤港澳大湾区建设等机遇，全力推动跨境联动业务，持续拓展本地客户群，不断扩大市场份额，为客户提供全面的金融支持。截至 2020 年末，香港分行实现营业收入 21.16 亿港元，税前利润高达 15.7 亿港元。

2008 年，招商银行并购香港永隆银行。为进一步扩大招商银行在香港的市场影响力，2008 年 6 月至 2009 年 1 月，招商银行分三步完成了对香港永隆银行 100% 的控股收购。永隆银行是香港历史最悠久的华资家族式银行之一，收购永隆银行使招商银行可以直接拥有其在港的 35 家分支机构以及位于美国洛杉矶和开曼群岛的分行。因此，全资并购永隆银行使招商银行迅速提升在港影响力、发挥经营协同效应，并为招商银行后续的国际化战略布局奠定了良好的基础。

2008 年，招商银行纽约分行成立。纽约作为世界金融中心，拥有最先进的理念以及需求广泛的客户，选择在纽约开设分行，有助于招商银行学习各种先进的管理理念和机制，有利于防范金融风险。截至 2020 年末，纽约分行实现营业收入 7383.36 万美元，税前利润高达 3816 万美元。

2013 年，新加坡分行成立。新加坡分行的定位是东南亚地区重要的跨境金融平台，立足新加坡，辐射东南亚，以跨境金融、财富管理两大业务为核心，致力于为"走出去"的中国企业和"引进来"的新加坡本地及其他东南亚地区企业提供全方位的金融服务。截至 2020 年末，新加坡分行实现营业收入 1824.77 万美元，税前利润高达 795 万美元。

2015 年，卢森堡分行成立。卢森堡分行的定位是欧洲大陆重要的跨境金融平台，致力于结合母行优势业务和欧洲特色优势，打造欧洲的经营平台。截至 2020 年末，卢森堡分行实现营业收入 1424.35 万欧元，而税前亏损接近 490 万欧元，主要是拨备支出较高造成的。

2016 年，伦敦分行成立。为顺应中英两国经贸发展的需要，伦敦分行是招商银行在英国获准成立的首家分行，也是新中国成立以来中国内地银行在英国直接设立的首家分行，目前主要开展对公银行业务和私人银行业务。伦敦分行坚持深掘中英跨境业务机遇，聚焦"走出去"和"引进来"战略客户，截至 2020 年末，伦敦分行实现营业收入 2096.86 万美元，税前利润高达 558 万美元。

2017 年，悉尼代表处成立。这是中资股份制商业银行在澳大利亚获准成立的首家银行，为"走出去"客户布局澳新地区及"引进来"当地头部企业提供配套服务。悉尼分行的成立，进一步拓展和完善了招行在全球的机构布局，形成了横跨亚、欧、美、澳四大洲的全球服务网络。截至 2020 年末，悉尼分行实现营业收入 2172.76 万澳元，税前利润高达 684 万澳元。

2.3 国际化现状与问题

2.3.1 国际化道路分类清晰

近年来，随着全球经济一体化深入推进、人民币国际化加速发展，越来越多的中资企业及个人"走出去"发展，中资银行相应地加快出海步伐，国际化进程取得显著发展。根据各个银行的发展特点，中资银行的国际化道路大致可以分为以下四类：第一类是国开行、进出口银行等政策性银行，其特点是以服务国家整体战略为要旨，业务拓展领先于机构建设；第二类是五家大型国有商业银行，其特点是兼具商业原则与政策色彩，国际化发展起步较早，强调机构网点及产品功能的广泛覆盖；第三类是以招商银行为代表的，包括中信银行、浦发银行、民生银行、光大银行、广发银行、兴业银行、华夏银行、平安银行、渤海银行的全国性股份制银行，其特点是以商业原则为主，不追求大而全的发展，而是更强调建设必要的海外骨干网络，以实现差异化特色发展；第四类是包括厦门国际银行、北京银行、上海银行等在内的城市商业银行，它们也在不断探索符合其自身特点的国际化发展道路。

图 4 是全国 12 家股份制商业银行 2019 年和 2020 年的全球 BII 排名，从图 4 中可以发现，股份制银行的排名大多集中在第 70~100 名。2019 年 12 家股份制银行的平均排名为第 75 名，2020 年 12 家股份制银行的平均排名为第

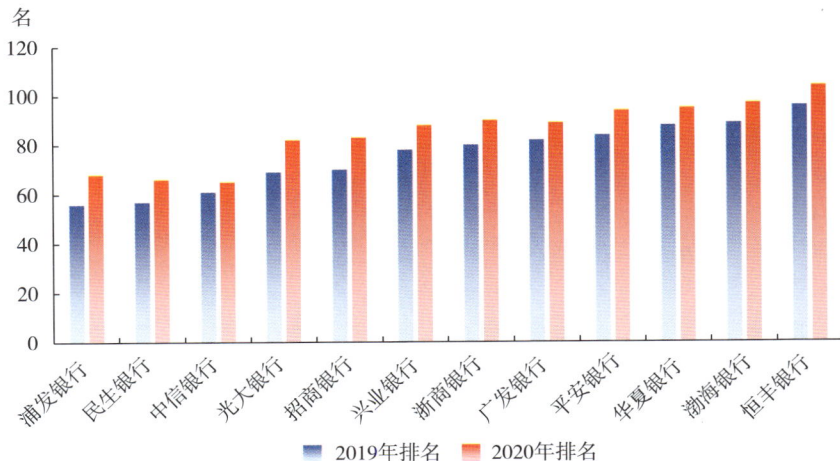

图 4　2019 年、2020 年全国股份制商业银行 BII 全球排名

（资料来源：浙大 AIF）

85 名，近似等于招商银行的国际化排名。由于股份制银行拥有接近的、清晰的发展道路并且招商银行的国际化水平近似等于我国股份制银行的国际化平均水平，因此通过分析招商银行国际化的特点和遇到的问题，管中窥豹可以了解目前我国股份制银行国际化的现状。

2.3.2　国际化布局潜力巨大

近几年，以招商银行为代表的我国股份制银行海外布局加快，特别是"一带一路"沿线布局分支机构成为趋势。但由于国内股份制银行海外布局起步晚，无论是从海外收入规模，还是从产品与服务的竞争力上较海外大行仍有显著差距。从境外分支机构数目就可以看出，12 家股份制银行中虽有 11 家拥有境外分支机构，但大多股份制银行的境外分支机构数目仅为个位数，其中招商银行拥有境外分支机构数量最多（8 家），这相较于拥有几百家境外分支机构的中国银行以及动辄拥有 2000 家境外分支机构的海外大银行相去甚远。并且从境外机构的布局来看，中国香港是股份制银行境外分支机构的重点布局区域，其余的大部分布局在中国澳门、美国纽约、英国伦敦、澳大利亚悉尼、新加坡等。因此，我国的股份制银行拥有极大的海外布局潜力，积极进行海外扩张可以极大提升国际化水平（见图 5）。

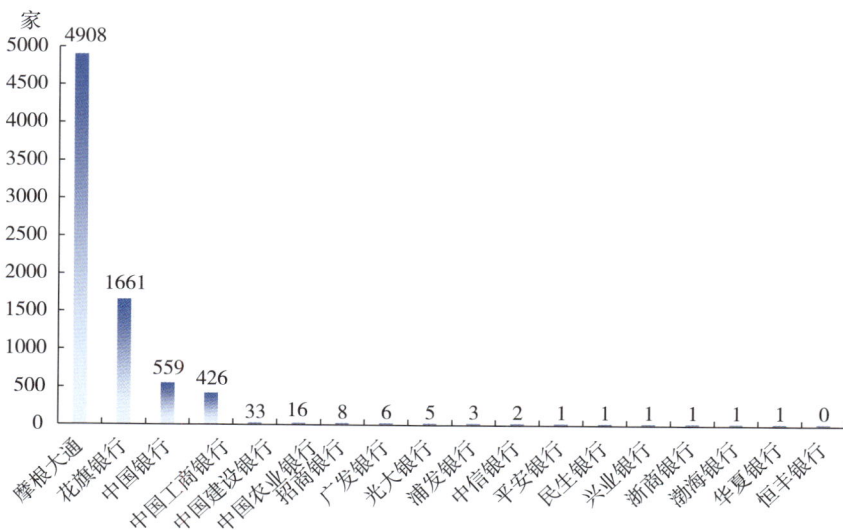

图 5　全国股份制银行与国际大行 2020 年境外分支机构数量

（资料来源：浙大 AIF、各银行 2020 年年报）

境外扩张是提升国际化水平最有效的方法之一。一般来说，境外扩张主要通过在海外设立分支机构和收购目标银行来实现。并且从国际化经验来看，境外并购比设立境外分支机构具有更优的国际化效果。同时，股份制银行大多选择的是设立分支机构而不是并购境外银行，选择这种相对缓慢渐进的国际化道路，使得股份制银行的国际化发展缺乏持续性的动力（见表3）。

表3　全国股份制银行并购大事件

时间	收购方	并购大事件
2007-01	民生银行	收购美国联合银行 9.9% 股份
2008-06	招商银行	收购中国香港永隆银行 53.12% 股份
2009-01	招商银行	收购中国香港永隆银行剩余 46.88% 股份
2018-04	中信银行	联合中国烟草总公司下属双维投资有限公司完成对哈萨克斯坦阿尔金银行（Altyn Bank）60% 股权的收购，其中中信银行持股 50.1%

资料来源：浙大 AIF、各银行年报及公告。

2.3.3　国际化带来的绩效提升并不显著

整体来看，股份制商业银行国际化并购策略虽在一定程度上有助于绩效的提升，但效果并不明显也不持久，对股份制商业银行总体绩效影响甚微。本节选取招商银行并购前后的财务数据，通过对总资产收益率、净利息收益率、净资产收益率这三个指标在并购前后的变化来分析国际化对招行盈利情况的影响。

从图6和图7可以看出，三项指标变动趋势趋于一致。2005—2008年招行这三个指标一直呈稳步上升的趋势，继而在2009年有较大的下跌。2009年总资产收益率只有1%，同比下降了33%，净资产收益率为21%，同比下降38.1%；净利息收益率为2.23%，同比下降34.8%，主要是由于金融危机叠加招商银行并购永隆银行后短期财富激增、资产迅速增加造成的盈利水平下降。2009年作为招行并购永隆的首年，净利息收入同比减少65.21亿元，降幅13.91%；2009年招行净利润同比下滑13%。2010—2012年，招行盈利绩效开始出现稳步回升，主要是由于加强了对永隆与母公司的业务联动，使得整合工作成效显著，利息带来的净收入快速提升，使得管理能力、运营水平和盈利能力明显提高。2013—2018年，盈利能力水平有所下降，主要是由于稳步推进其国际经营战略，2013年新增新加坡分行，2015年新增卢森堡分行，加大了海外投资，导致盈利水平有所下降。2019—2020 年，由于新冠肺炎疫情的持续影响，使得整体的盈利能力受到较大影响。

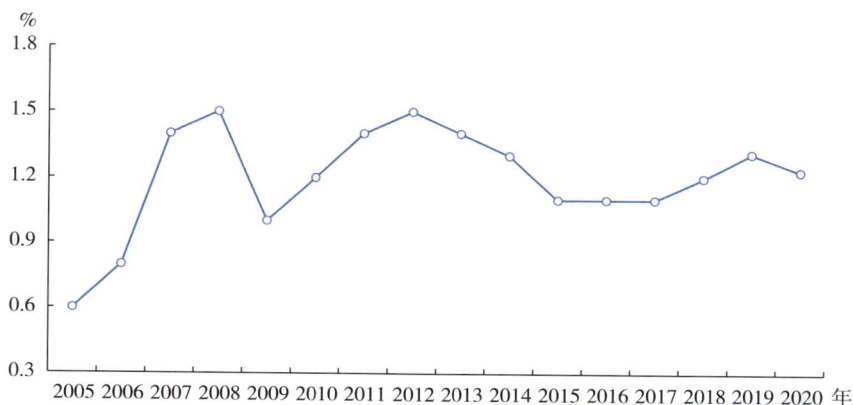

图 6　2005—2020 年招商银行总资产收益率

（资料来源：浙大 AIF、招商银行年报）

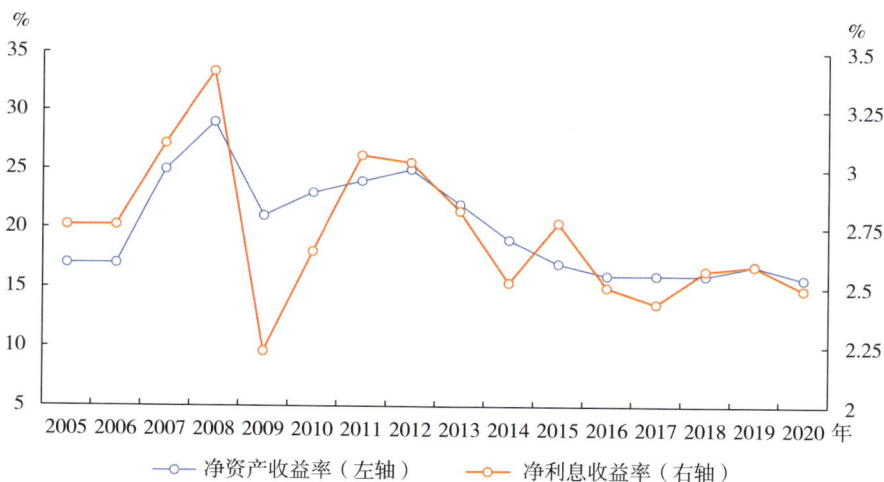

净资产收益率（左轴）　　净利息收益率（右轴）

图 7　2005—2020 年招商银行净资产收益率和净利息收益率

（资料来源：浙大 AIF、招商银行年报）

综合来看，招商银行并购永隆优化了招商银行的资本结构，促进了资本优化，经营协同作用逐渐显现，使得招商银行在 5 年内呈现出盈利能力明显增强的趋势，然而长期来看并购对招商银行盈利能力并无明显提升。

2.4 国际化未来机遇

把握市场方向，抓紧发展机遇。当前，我国的"一带一路"全面推进，由于沿线各国分化较大，部分国家在重大基建项目上所需的投融资需求甚多，缺少融资渠道但本身能够带来稳定收益的项目并不在少数，股份制银行可以在帮助沿线国家项目融资的同时，积极在相关国家布局分支机构，以此为起点进行国际化布局，这不仅有助于相关国家的金融市场的建设，还能够给国内企业与居民提供好的合作与投资机遇。

另外，RCEP 的落地为中国对外贸易与投资打开了新局面。伴随着 RCEP 内部跨境贸易与投融资需求的激增，国内股份制银行的国际化可以在 RCEP 成员国先行布局。由于 RCEP 成员国拥有东盟、印度等新兴市场以及日本、澳大利亚、新西兰等发达经济体，覆盖东亚、东南亚、南亚与澳洲等地区，占亚太地区大半，在上述国家进行布局可以积累国际化的重要经验，以便未来将布局范围扩展至全球。

审时度势、有的放矢进行国际化拓展。在国际化初期，全面大规模进行海外布局在当前竞争激烈的全球银行业背景下并非理性选择，有的放矢地在目标区域进行重点布局才是合理选择。我国股份制商业银行在国际化初期可以选择与我国贸易规模较大的美国、欧盟、日本等发达市场进行传统业务的布局，并在东盟、俄罗斯、中东、南亚等新兴市场进行多元化业务的布局，在取得阶段性进展并积蓄力量后再逐步扩大国际化布局范围。同时需要注意的是，以国内市场为根基和重点，当前国内股份制银行的重心仍应放在国内市场，对私业务上主要是零售银行与多元理财两大业务，对公则主要是多元融资与投行业务。只有具备了在国内市场深厚的积淀，才能在国际化过程中拥有持续的动力。

择机择时、积极探索独立的国际化模式。股份制商业银行自面世时起，无论是从资产总量还是资本规模都不能与五大国有银行相媲美，要想赢得国际市场，必须要创新出具有差异性的国际化经营模式和扩展方式。资本有限的股份制商业银行应充分考虑各地区市场特征、规则以及市场渗入程度等因素。具体来看，可以尝试代理、合资、参股、新设等形式。

3　花旗集团

花旗集团作为美国最大、在国际上最有影响力的银行，2020 年在全球性银行中的 BII 排名为第 11 位，在美国银行中则位列第 1，其国际化路径展现了一个本土银行向大型跨国集团转变的成长历史。

3.1　国际化背景

花旗集团历经近两个世纪的发展，已经成长为全球享有盛誉的跨国银行，也是美国银行的国际化发展主力。花旗集团的前身是成立于 1812 年的纽约城市银行（City Bank of New York），自成立后到 1914 年的相当长时间里，花旗集团一直致力于美国国内发展。1914 年，该集团在阿根廷布宜诺斯艾利斯设立分行，进入南美洲，随后建立了覆盖拉美、东亚和欧洲的分支机构网络，开启国际化扩张之路。1998 年 10 月 8 日，花旗公司和旅行者集团（Travelers Group）合并成为花旗集团，此举拓展了花旗银行在保险领域的业务，形成了"金融超市"式的金融服务。20 世纪 90 年代末，花旗集团已经形成遍布北美、拉美、亚洲、欧洲、中东和非洲全球网络覆盖，集团的业务范围也从美国本土不断扩展，为全球跨国客户提供广泛的金融服务，包括零售、私人银行、商业等服务。截至 2020 年 12 月末，该行总资产 22.60 千亿美元，营业收入 742.98 亿美元。

3.2　国际化历程

花旗集团的国际化历程始于该集团在美国国内形成庞大的网络后，两次世界大战和政策因素的影响推动了花旗集团的国际化扩张，使其在 20 世纪 90 年代末形成了全球网络覆盖，继而依托其全球化布局向全能型银行转变。图 8 简单列举了其全球布局的拓展历程。

1812—1913年	1914—1997年	1998年至今
国际化探索时期	国际化蓬勃发展时期	国际化转型时期

| 1812年，纽约城市银行成立。
1894年，成为美国最大的银行。
1901年，国际银行集团（IBC）成立。
1902年，在伦敦设立第一家海外分行，业务拓展至亚洲、欧洲、印度。
1904年，在巴拿马开设分支机构 | 1914年，在阿根廷布宜诺斯艾利斯设立分行，进入南美洲。
1918年，收购美国银行"国际银行"。
1921年，收购1906年成立的农民贷款和信托公司的巴黎分支机构。
1955年，更名为"纽约第一国家城市银行"，向中东和非洲扩张。
1961年，成立"第一国家城市海外投资公司"作为海外分支及从属机构的控股公司。
1966年，在伦敦市场开办Dollar Certificates of Deposit。
1969年，收购伊朗人民银行35%的股份。
1974年，第一国家城市股份公司更名为花旗公司。
1984年，伦敦分行成为钱伯斯清算公司（CHAPS Clearing Compay）的创始成员机构。 | 1998年，花旗公司和旅行者集团合并成为花旗集团。
1999年，成立日兴所罗门美邦，进入日本资本市场。
2001年，收购墨西哥的巴纳梅克斯–阿奇瓦尔银行，收购Associates First Capital，将零售金融业务推向欧洲市场。
2003年，入股浦发银行，通过联名信用卡方式挖掘中国内地客户资源。
2010年，开始设立"智能银行"分行。
2021年，计划退出在包括中国、印度等13个市场的零售银行业务 |

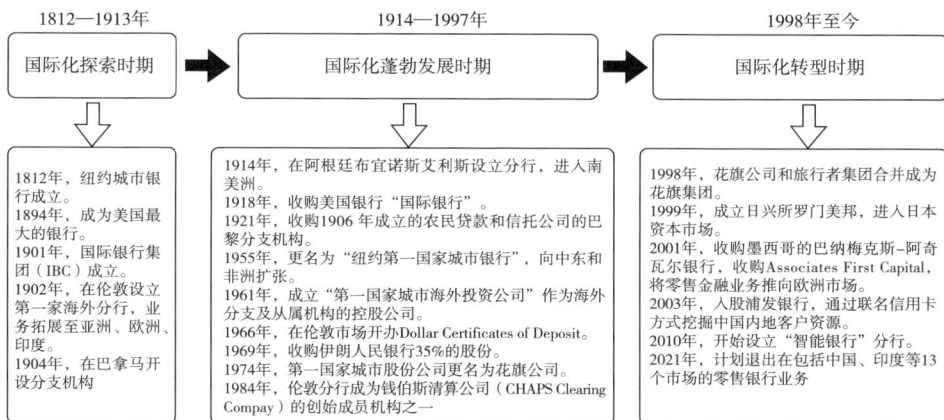

图 8　花旗集团国际化大事件

（资料来源：浙大 AIF）

总体来看，花旗集团的国际化历程大致经历了以下三个主要阶段：

（1）立足美国国内开启国际化步伐的探索时期（1812—1913 年）：自 1812 年，花旗集团的前身纽约城市银行成立以来，一直致力于本土发展，到 1894 年，花旗银行成了美国最大的银行，在美国国内市场形成了垄断优势。1901 年，以国际银行集团（IBC）成立为契机，花旗集团逐渐向亚洲、欧洲扩张业务。1902 年，IBC 在伦敦开设分行后，先后在上海、新加坡、马尼拉、横滨和香港设立了分行。到 1904 年，亚洲网络已经扩展到加尔各答和孟买、神户、广州和宿务，并以邻近的拉丁美洲为重点，在巴拿马等地设立分支机构。

（2）多手段推动国际化扩张的蓬勃发展时期（1914—1997 年）：1914 年，花旗集团首次向海外大进军，在阿根廷、巴西、智利等地设立分行，推动拉丁美洲业务的蓬勃发展，并开拓亚洲贸易融资业务，反映出随着欧洲大陆战争的爆发，国际贸易的增长。1918 年战争结束后，花旗集团的国际化布局迅速拓展。一方面，该集团在全球各地大量新设分支机构：包括欧洲地区的布鲁塞尔、马德里、巴塞罗那、里昂，在 20 世纪 50 年代中期，展望未来，该行将其业务扩展到欧洲和亚洲以外的新经济前景领域，如中东地区的开罗、贝鲁特、吉达等。另一方面，跨国并购也成为这一时期花旗集团大力拓展海外市场的重要手段，1921 年，国家城市银行收购了法国农民贷款和信托公司的巴黎分支机构；1955 年，收购了蒙罗维亚银行；1969 年，其银行控股公司第一国家城市公司收购了伊朗人民银行 35% 的股份。

（3）国际化水平趋于稳定的全能银行转型时期（1998 年至今）：1998 年 10 月 8 日，花旗公司和旅行者集团（Travelers Group）合并成为花旗集团。此举拓展了花旗银行在保险领域的业务，形成了"金融百货公司"式的金融服务，进一步扩宽了其业务领域与国际化程度，为其国际化扩张奠定坚实基础。2001 年，该公司以 125 亿美元收购了墨西哥巴纳梅克斯-阿奇瓦尔银行，这是迄今为止美国/墨西哥最大的企业合并案。2009 年，花旗集团宣布进行重组，允许其专注于核心银行专营权，同时随着时间的推移减少非核心资产。2021 年，花旗集团计划退出在包括中国、印度等 13 个市场的零售银行业务，并表示将专注于这些地区的财富管理业务，即继续在这些市场向其机构客户部门的客户提供包括私人银行、现金管理以及投资银行等业务。目前，花旗集团已成为集储蓄、信贷、证券、保险、信托、基金、财务咨询、资产管理等全能式金融服务为一体的、全球化程度最高的金融服务连锁公司。

3.3　国际化现状

进入 21 世纪后，花旗集团已成为全球布局广泛、国际化程度最高的金融集团之一，总体来看，2008 年国际金融危机成了一道显眼的"分水岭"。2005—2007 年，花旗集团境外营收连年增长，最高达 439.80 亿美元（2007 年）；2008 年，国际金融危机来袭，花旗集团境外营收缩水至 398.99 亿美元，同比下降 9.28%，但境外营收占比仍然上升，并成为近十几年最高水平（75.58%）；2009 年后，花旗集团的境外营收规模与占比进入较长时间的小幅下降阶段，直至 2017 年逐步回升；2019 年，花旗集团境外营收 384.15 亿美元，占总营收的 51.71%。而 2020 年，受到新冠肺炎疫情的冲击，花旗集团更专注美国市场的发展或自身重点深耕市场的发展，收缩非重点市场的海外业务，集团的境外营收又下降至 379.11 亿美元，境外营收占比下降至 51.03%（见图 9）。

与其他银行进行对比可以发现，花旗集团的国际化水平在美国本土银行中遥遥领先，且高居全球性银行国际化水平第 4 位。2019 年该集团 BII 得分值（54.92 分）超出美国银行 TOP5 均值（34.05 分）60% 以上。与全球性银行国际化 TOP5 均值（57.59 分）相近。2020 年花旗集团及其代表性银行 BII 情况如表 4 所示。

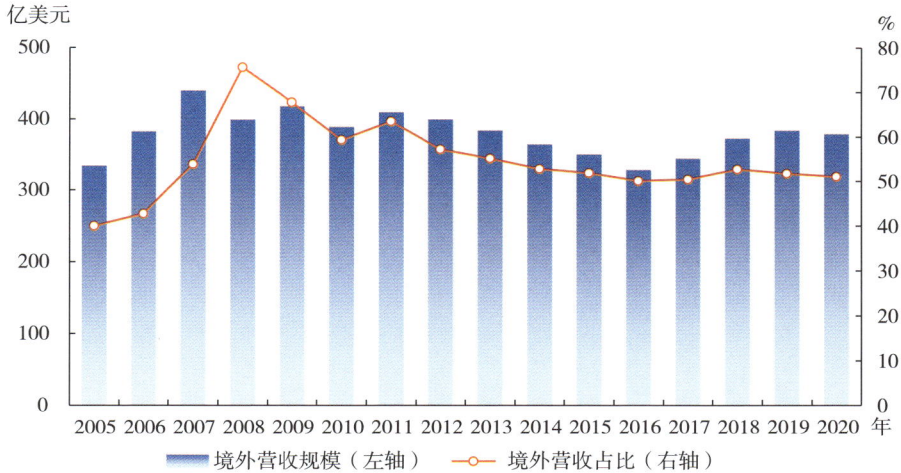

图 9   2005—2020 年花旗集团境外营收规模与占比

(资料来源：浙大 AIF)

表 4   2020 年花旗集团及其他代表性银行 BII 情况

银行分类	银行名称	BII 得分	全球性银行排名
全球性银行 国际化 TOP5	渣打银行	61.60	1
	西班牙国际银行	55.79	2
	巴克莱银行	53.55	3
	荷兰国际银行	53.03	4
	瑞士瑞信银行	52.80	5
	均值	55.35	
美国银行 国际化 TOP5	花旗集团	39.65	14
	美国道富	31.88	21
	高盛集团	28.91	24
	纽约梅隆	26.97	26
	摩根士丹利	24.70	30
	均值	30.42	

资料来源：浙大 AIF。

注：2020 年花旗集团的 BII 得分下降至 40 分以下，主要是由于其全球消费者银行业务（GCB）、机构客户业务（ICG）和公司/其他业务（Company/Other）三个业务中，机构客户业务（ICG）的境外资产信息披露不完全，导致 BII 指数结果偏小。

此外，随着全球经济增速放缓和风险因素加剧，花旗集团的国际化扩张在近年也显示出了"精简规制"的特征。尽管仍然全球布局（国际化广度）并未大幅缩减，但其境外机构数量与占比（国际化深度）在近三年有所下降，截至 2019 年末，花旗集团境外机构为 1661 家，相比 2017 年的 1757 家减少 5.46%。2021 年，花旗集团在发布季度报告中也表示，计划退出中国、印度等 13 个市场的零售银行业务，并表示将专注于这些地区的财富管理业务，即继续在这些市场向其机构客户部门的客户提供包括私人银行、现金管理以及投资银行等业务。

3.4　国际化特色

花旗集团的国际化发展从本土至境外，市场开拓方式不断丰富，境外业务持续创新，有利于品牌影响力的保持与提升。

（1）以境内成果支撑国际发展。花旗集团在初始成立的前 90 年间并未进行大规模的国际化扩张，而是专注于本土业务的发展。直至 1901 年国际银行成立，在银行整体实力已经积累到一定程度的基础上，推动国际业务的迅速扩张，十几年的时间便使得集团业务辐射至欧洲、亚洲和拉美地区。当然，花旗集团的境外发展步伐也由近至远，对距离本土更近的拉美地区覆盖程度更深：1930 年，花旗银行海外分行达 98 家，覆盖 23 个国家，其中 2/3 集中于拉美地区。

（2）多样化手段拓展海外市场。作为一家经验丰富的金融集团，花旗的海外扩张不只专注于境外分支机构的设立，也积极通过跨境并购等方式进入各地市场。如通过收购农民贷款和信托公司的巴黎分支机构进入欧洲法国；通过收购蒙罗维亚银行进入非洲利比里亚；通过收购伊朗人民银行进入亚洲伊朗；通过收购巴纳梅克斯-阿奇瓦尔银行进入拉丁美洲的墨西哥。

（3）注重海外业务的创新与发展。在全球版图扩张的基础上，花旗银行整合了旗下银行及公司，提供银行、证券、投资信托、保险、融资租赁等多元化金融服务，并通过业务创新在全球扩张。如 2010 年，花旗集团开设"智能银行"日本试点，到 2011 年 4 月，"智能银行"的分支机构已经触及 11 个国家和地区，在全球设立了 48 家"智能银行"分支机构与 21 个小型营业地点。

3.5 国际化展望

（1）宏观运营环境趋于改善，但仍难言乐观。从经济政策方面看，民主党实现完全执政、鲍威尔和耶伦的"双鸽"组合，为美国政府加码纾困乃至经济刺激政策提供了更多可能。在财政方面，拜登政府上半年可能会加大抗疫及相关财政纾困政策，并在下半年为实现新周期内的经济复苏，在基建、新能源领域进行提前布局，市场分析美国财政赤字率仍高于历史均值水平；货币政策方面，美联储宽松主基调贯穿 2021 年全年。回顾过去几个经济周期，尤其是从 2008 年国际金融危机后的经济周期来看，低息环境将迫使银行业在扩张资产负债表、控制成本、提高非利息收入贡献度上下功夫，但 2021 年的银行业继续面临经济前景不确定性下优质资源稀缺、信用风险持续暴露、信用风险损失准则模型的会计准则影响加大、交易收入难以保持高位等多个负面因素的综合影响，对花旗集团这样的大型跨国银行来说改善盈利的挑战依然较大。

（2）银行的 ESG 和金融科技实践将进一步加速。美国政府已明确表示美国将立刻重返"巴黎气候协定"，而且宣布了"清洁能源革命与环境正义计划"，因此政策指引给美国银行业的绿色金融创造了前所未有的发展机遇。在监管层面，美国主要监管机构已在 2020 年末发布联合监管函，对银行业的"环境变化"风险提出了相当明确的要求。在金融科技方面，银行通过提升金融科技能力以改善综合服务能力的脚步将进一步加速，而随着包括苹果和谷歌在内的大型科技公司宣布增加与传统银行的合作，以期在克服监管障碍的同时增加对消费者用户的金融服务能力，传统大型银行如花旗集团与大型科技公司合作"对抗"金融科技企业的模式值得期待。

4 汇丰集团

汇丰集团的银行国际化水平在全球处于领先地位，该银行 2020 年 BII 在全球性银行中排名为第 7 位，自创立之初便剑指全球市场，经过百余年发展逐渐成为全球最具影响力的国际化金融集团之一。

4.1　国际化背景

汇丰集团是全球最大的银行和金融服务机构之一，其前身为 1865 年成立的香港上海汇丰银行，后于 1991 年改革重组，成立了汇丰集团。全球化经营战略是汇丰集团百年来一直推崇的核心战略，业务网络覆盖全球 64 个国家和地区，逾 4000 万名客户使用汇丰的银行服务，聘有 22.6 万名全球雇员，已先后在香港、伦敦、纽约、巴黎和百慕大交易所挂牌上市，19.7 万名股东遍及130 个国家和地区。汇丰集团对国际化发展的重视与该行历史密不可分，长期对全球化经营战略的贯彻与执行也极大地助推了"百年汇丰"这一品牌的成长与推广。截至 2020 年 12 月末，汇丰集团总资产 2.98 万亿美元，营业收入117.64 亿美元，净利润 35.89 亿美元。

4.2　国际化历程

汇丰集团的国际化历程与时代变迁息息相关（见图 10），自 1865 年成立以来发生了较多的国际化大事件（见表 5），其国际化发展的典型事件如下。

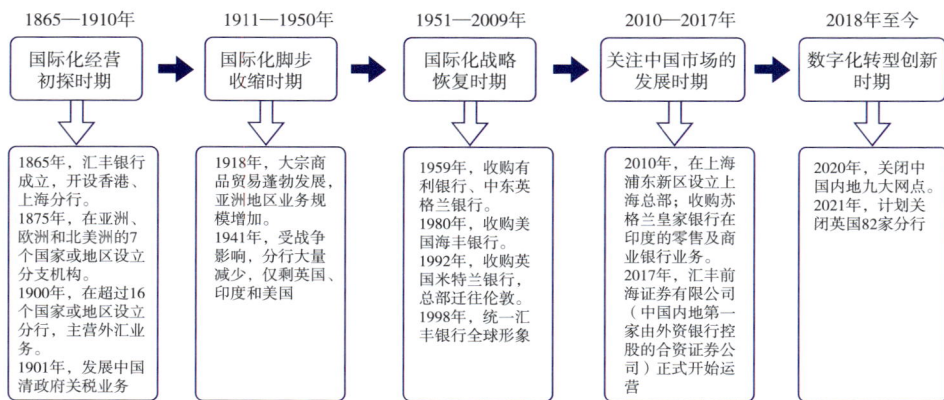

图 10　汇丰银行的国际化历程

（资料来源：浙大 AIF，公开报道）

表 5　汇丰银行国际化大事件

时间	事件
1865 年	汇丰银行成立，开设香港、上海分行
1866 年	为港英政府发放 10 万港元贷款，获得港元发行权
1875 年	在亚洲、欧洲和北美洲的 7 个国家或地区设立分支机构
1900 年	在超过 16 个国家或地区设立分行，主营外汇业务
1901 年	发展中国清政府关税业务
1918 年	大宗商品贸易蓬勃发展，亚洲地区业务规模增加
1941 年	受战争影响，分行大量减少，仅剩英国、印度和美国
1959 年	通过并购拓展印度、中东市场，收购有利银行、中东英格兰银行
1972 年	成立商业银行部门
1980 年	收购美国海丰银行
1984 年	重回中国内地市场，设立分支机构
1992 年	收购英国米特兰银行，总部迁往伦敦
1998 年	统一汇丰银行全球形象
2010 年	在上海浦东新区设立上海总部 收购苏格兰皇家银行在印度的零售及商业银行业务
2017 年	汇丰前海证券有限公司（中国内地第一家由外资银行控股的合资证券公司）正式开始运营
2020 年	关闭中国内地九大网点
2021 年	计划关闭英国 82 家分行

资料来源：浙大 AIF，公开报道。

总体来看，汇丰集团的国际化历程大致经历了以下五个阶段：

（1）国际化经营初探时期（1865—1910 年）：汇丰集团在成立时便关注国际业务，通过为多种出口产品提供融资业务拓展国际市场。至 1910 年，该行业务已扩展至亚洲、欧洲和北美等地，在日本、印度、越南和菲律宾等 16 个国家/地区均设有分支机构。

（2）国际化脚步收缩时期（1911—1950 年）：汇丰集团在 19 世纪初叶开始大力开发亚洲市场，得益于大宗商品市场的蓬勃发展而有所斩获。但随后受经济大萧条及世界战争等外部冲击的影响，该行全球业务受损，银行版图迅速收缩。1941 年，汇丰集团仅在英国、印度和美国三个国家仍设有分支机构。

（3）国际化战略恢复时期（1951—2009 年）：第二次世界大战结束后，汇丰集团及时整合资源，调整战略布局，通过大量的跨境并购迅速扩张全球版图，再次成功实现银行业务国际化，跻身全球银行前列。1959 年以来，该行先后收购了有利银行（全称印度、伦敦、中国三处汇理银行，是英国皇家特许银行）、中东英格兰银行、美国海丰银行、英国米特兰银行等多家银行机构。

（4）关注中国市场的发展时期（2010—2017 年）：汇丰集团于 1984 年恢复在中国大陆的相关业务，但对中国市场的战略倾斜更多地始于 2008 年国际金融危机之后。2010 年，该行设立了新的上海总部，并在中国开设了第 100 家办事处；2017 年，成立了中国内地第一家由外资银行控股的合资证券公司——汇丰前海证券有限公司。

（5）数字化转型创新时期（2018 年至今）：随着网络、通信、技术的快速发展，银行客户对亲临银行网点办理业务的需求随之减弱，数字银行业务激增。在新冠肺炎疫情和数字化转型的浪潮下，银行业开启了"关门潮"和"合并潮"。2020 年，汇丰银行在中国关闭九大网点，2021 年，汇丰银行宣布计划今年在英国关闭 82 家分行。汇丰通过进一步推动电子平台建设，为客户提供更便利的服务。

4.3　国际化现状

4.3.1　多重因素影响，汇丰财务状况受到冲击

汇丰银行的国际化进程受到多个因素影响，包括中美两国贸易关系紧张带来的冲击、英国脱离欧盟、科技的迅速发展及新型冠状病毒蔓延。

一方面，英国脱欧及中美两国贸易关系紧张对集团及其客户产生潜在影响。中美两国贸易关系紧张可能引致制裁（包括影响集团客户者）及监管、声誉及市场风险，令集团受影响。由于亚洲（特别是中国香港）在盈利能力及增长前景方面对集团的策略重要性，亚洲地缘政治风险对集团的财务影响有所增加。此外，英国退出欧盟可能会令市场波动加剧和经济风险增加，进而对集团在该市场的盈利能力和增长前景构成不利影响。自 2016 年起，汇丰银行的境外营收占比持续下降，较 2019 年，2020 年汇丰银行的境外资产占比下降6.14 个百分点，境外营收占比下降 4.34 个百分点（见图 11）。一系列的政治经济因素对汇丰银行的国际化发展造成了严重的负面影响。

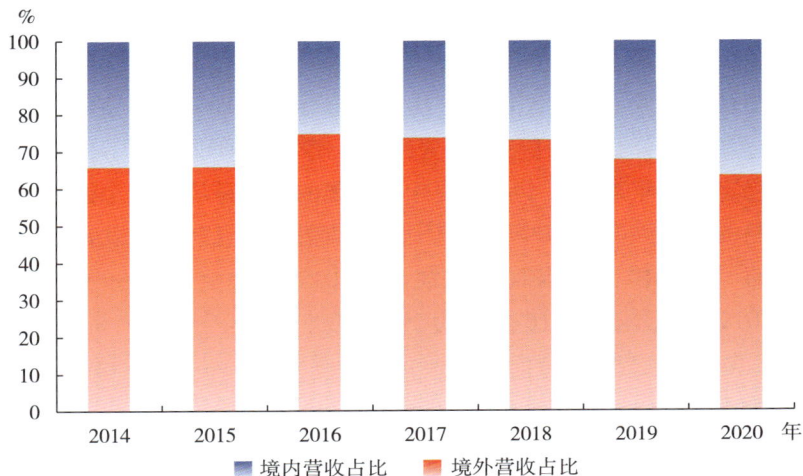

图 11 2014—2020 年汇丰银行境内外营收占比

（资料来源：浙大 AIF，汇丰集团年报）

另一方面，新冠肺炎疫情暴发，加上环球央行为应对疫情而减息，导致 2020 年的财务表现受影响。自 2018 年起，集团营业收入及利润连续两年呈下降趋势。2020 年，汇丰银行总营业收入由 560.98 亿美元降至 504.29 亿美元，同比下降 10.10%；营业利润由 87.08 亿美元降至 60.99 亿美元，同比下降 29.96%（见图 12）。

图 12 2016—2020 年汇丰银行总营业收入及营业利润

（资料来源：浙大 AIF，汇丰银行年报）

4.3.2　BII 波动明显，2020 年国际化水平大幅下跌

从历史视角出发，汇丰集团十多年来的国际化水平呈现出高位波动的特点
（见图 13）。BII 得分始终保持在 50 分以上，整体波动幅度较小，国际化发展
水平较为稳定。近年来，汇丰银行国际化发展的外围环境受多个因素影响，包
括中美贸易关系紧张带来的冲击、英国脱离欧盟、低息环境以及科技的迅速发
展，汇丰银行的 BII 得分出现较大波动，2018 年跌至 50.36 分，同比下降
6.37%；2019 年上升至 59.16 分（为 2014—2020 年这 7 年的最高值），同比增
长 17.5%，2020 年受新冠肺炎疫情等负面因素影响，汇丰银行的国际化水平
大幅下跌至 50.96 分，同比下降 13.86%。

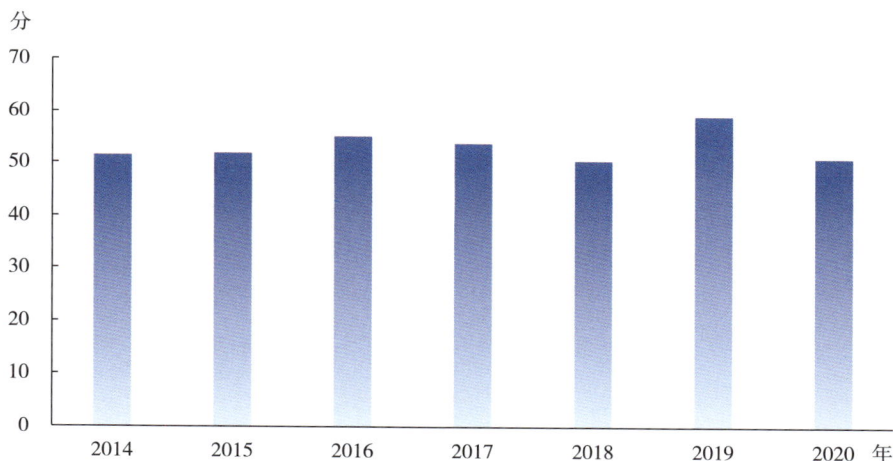

图 13　2014—2020 年汇丰银行 BII 得分

（资料来源：浙大 AIF）

4.3.3　基础实力强劲，汇丰仍是名副其实的国际金融集团

从同行视角出发，汇丰集团的国际化水平大幅下跌，其中 BII 排名降低 5
位，但在全球性银行中国际化水平仍处于领先地位。该行 2020 年 BII 得分
（50.96 分）略低于全球性国际化 TOP5 银行均值（55.35 分）。在英国银行排
名中，汇丰集团国际化程度排名第 3 位，仅次于渣打银行和巴克莱银行，BII
得分是英资银行 BII 均值（44.04 分）的 1.2 倍（见表 6）。从内部视角出发，
汇丰集团的境外资产与营收规模远高于境内。截至 2020 年末，该行在欧洲地

区以外的境外资产规模达 1.57 万亿美元，占集团总资产的 52.55%。同年欧洲地区之外的营收规模为 320.10 亿美元，占集团总营收规模的 63.48%。再加上汇丰集团的业务网络覆盖全球 64 个国家和地区，境外分支机构逾千家，仍是名副其实的国际金融集团。

表 6　2020 年汇丰银行及其他代表性银行 BII 情况

银行分类	银行名称	BII 得分	全球性银行排名
全球性银行国际化 TOP5	渣打银行	61.60	1
	西班牙国际银行	55.79	2
	巴克莱银行	53.55	3
	荷兰国际银行	53.03	4
	瑞士瑞信银行	52.80	5
	均值	55.35	
英国银行国际化 TOP4	渣打银行	61.60	1
	巴克莱银行	53.55	4
	汇丰银行	50.96	7
	苏格兰皇家银行	10.03	44
	均值	44.04	

资料来源：浙大 AIF。

4.3.4　积极采取措施，维护集团国际化进程

为应对以上情形，汇丰积极监察并改善科技基础设施的服务复原力，以尽量减少客户服务被中断的情况，并加强服务管理纪律及执行改变的能力。汇丰持续改进信息科技系统以于新冠肺炎疫情暴发期间为客户及营运提供支持。此外，集团遍布全球的业务和多元化的客户基础将有助于纾缓英国与欧盟之间未就金融服务达成全面协议对集团财务状况造成的直接影响。汇丰集团目前在全球的业务布局，能够为集团发展奠定稳健基础。以上措施能够在一定程度上缓解各项风险对汇丰国际化水平的影响。

4.4　国际化特色

汇丰银行的国际化水平受多项风险因素影响，为缓解上述风险因素的影响，集团积极采取措施，及时制订应变计划，以加快集团国际化进程。

（1）科技投资，加快银行数码化步伐。汇丰计划将集中投资于科技等领域，提升客户的数码体验。汇丰的目标是在整个集团网络提供卓越的客户体验，包括使用直通支付程序，并与大型科技集团及金融科技集团合作以获得创新支援。汇丰也有意建立具有更高前端生产力的平台，包括为前线人员提供重要投资意见的数据分析及图像显示支援。汇丰计划将中后勤部门自动化，例如，透过整合机器学习提升分析能力。汇丰也计划建立解决方案减少占用办公室，并转用更灵活的方式工作和提升效率减省人手，支持上述计划。

（2）精简架构，实现集团成本降低。疫情暴发之际，汇丰集团董事会与管理团队紧密合作，制订计划，加快亚洲业务、财富管理业务及汇丰新科技等主要增长领域的发展和投资。高级管理层经过更替并注入新动力，汇丰行政委员会约 3/4 的成员在任仅一年或更短时间。集团业务比一年前更精简，四项环球业务已改为 3 项，后勤部门也已加强整合。成本大幅降低，2020 年的营业支出总额削减逾 10 亿美元。

（3）集中资源，专注投资核心业务。财富管理及个人银行业务方面，汇丰矢志成为亚洲区内资产丰厚及极丰厚客户，以及散居各地亚洲群体的首选银行，同时投资于集团最具商机和规模最大的零售市场。工商金融业务方面，汇丰期望稳占跨境贸易服务的全球领导地位，并成为领导业界的中型企业国际银行服务提供者。环球银行及资本市场业务方面，汇丰会把握机遇，因应流入和贯通整个亚洲区的贸易及资金流而进行投资，同时帮助环球客户借着汇丰的国际网络联系亚洲和中东市场。

4.5　汇丰银行国际化的潜在风险

（1）地缘政治及宏观经济风险。2020 年，新冠肺炎疫情暴发主导政治和经济环境。公共卫生突发事件和随之而来的经济影响对世界各地造成双重打击，已发展市场和新兴市场同受冲击。汇丰集团面对与政治不稳定、社会动荡及军事冲突有关的风险，可能导致业务中断、危及员工安全及损坏实物资产。全球在贸易、科技和意识形态方面的紧张关系或会呈现于监管标准和合规制度的差异，为汇丰集团等跨国企业带来长期策略挑战。

（2）金融犯罪风险。因新冠肺炎疫情暴发导致全球经济放缓，以及因迅速推出向个人及企业提供支援的政府纾困措施，已令诈骗风险增加。虚拟货币、稳定货币及央行数码货币持续发展，而行业的金融犯罪风险评估及管理架构仍处于初步阶段。不断变化的监管环境令执行工作面对挑战。各地对国际机构实行更严格的个人资料私隐规定，可能对汇丰的有效管理金融犯罪风险的能力造成影响。

5　渣打银行

渣打银行连续多年在全球银行国际化程度上处于引领者地位，该银行2020年在全球性银行BII排名中也位列榜首，主要得益于其极为悠久的国际化历史和着眼全球的发展战略。

5.1　国际化背景

渣打银行的国际化水平引领全球，很大程度上源于其极为悠久的国际化历史。渣打银行至今已有超过160年的经营历史，该行于1853年在伦敦成立，当时英国正值工业革命，其对外贸易的迅速发展为渣打银行的境外发展提供了广阔的市场。渣打银行拥有全球化的经营理念，而渣打集团更是在70个国家或地区设有1700多个分支机构，为超过85000名员工提供多彩并富有挑战性的全球化事业发展机会。该行的发展历程便是其国际化历程，百余年的全球发展使其成为在伦敦、香港及孟买证券交易所多地上市，并在中国香港、南非、马来西亚等地拥有发钞权的国际性银行。截至2020年12月末，该行总资产7891亿美元，营业收入1.48亿美元。

5.2　国际化历程

渣打银行的国际化历程开启较早，在成立后的第五年便开始设立境外分支，并通过设立分支机构与跨境并购迅速拓展各个市场。图14简单列举了其全球布局的拓展历程。

1853—1969年	1970—1990年	1991—2002年	2003—2016年	2017年至今
国际化起步阶段	国际化扩张阶段	国际化战略调整阶段	国际化加强阶段	国际化创新阶段
1853年，渣打银行的前身——特许银行和标准银行成立。1969年，渣打集团成立	1979年，收购美国加利福尼亚州的联合银行	1999年，收购泰国Nakornthon银行75%的股权。2002年，在中国香港联交所上市	2004—2005年，先后收购印度尼西亚Permata银行、韩国第一银行等，向中国渤海银行购买19.9%的股份。2006年，新加坡国有投资公司淡马锡收购渣打银行11.55%的股份	2017年，和蚂蚁金服签署合作备忘录。2018年，成立金融科技创新部门——SC Ventures。2019年，宣布与SAP Ariba开展战略合作。2020年，加速创新转型

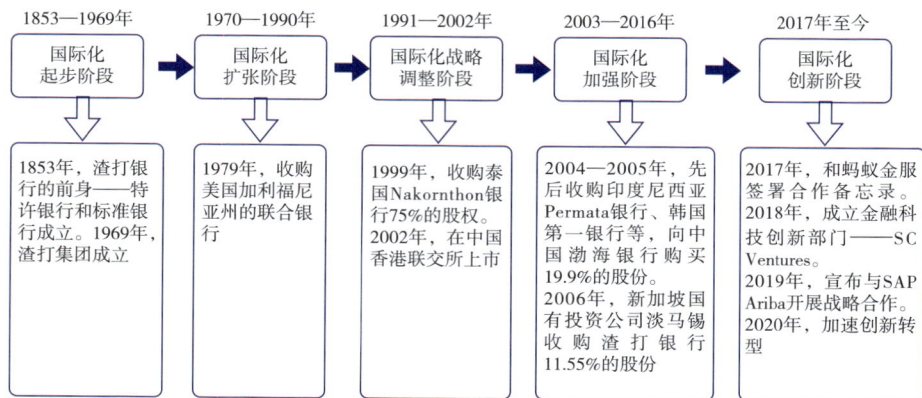

图14　渣打银行国际化大事件

（资料来源：浙大 AIF）

渣打银行的国际化历史悠久，主要可以分为以下五个阶段：

（1）国际化起步阶段，服务英属殖民地（1853—1969 年）：渣打银行的前身——印度、澳大利亚及中国特许银行（以下简称特许银行）和英属南非标准银行（以下简称标准银行）均成立于英国维多利亚女王时期，主要服务于英殖民地经贸往来。其中，特许银行侧重于亚洲的业务发展而标准银行侧重于非洲的业务发展，1969 年，特许银行与标准银行合并，成立渣打集团。

（2）国际化扩张阶段，拓展欧美市场（1970—1990 年）：在特许银行与标准银行合并前，两行在德国汉堡、美国纽约以及墨西哥已设有少量机构，合并后的渣打银行开始重点开拓欧美市场。1980 年，渣打银行在欧美的资产总额一度曾占到其总资产的 50% 左右。但 20 世纪 80 年代，油价上涨和第三世界债务危机的爆发给渣打银行欧美业务造成了大量不良资产与拨备损失，渣打银行决定收缩欧美战线，回归亚、非和中东等具有传统优势的市场。

（3）国际化战略调整阶段，强调新兴市场（1991—2002 年）：20 世纪 90 年代，渣打银行提出了"新兴市场银行"的战略定位，削减英国及拉美地区的分支机构，将战略重点放在亚洲、非洲及中东地区。一方面，1992 年起，渣打银行陆续在柬埔寨、老挝等国新设机构，到 1996 年已全面覆盖亚太地区除朝鲜外的国家和地区。另一方面，1999—2000 年，陆续收购 Metropolitan 银行、Nakornthon 银行、Grindlays 银行、大通曼哈顿信用卡公司，迅速扩大了自身在中东、南亚、东亚等地区的影响力。

（4）国际化加强阶段，引领新兴市场（2003—2016 年）：2003 年，渣打银行提出"建设全球最佳国际银行,引领亚洲、非洲和中东市场"的新战略,先后收购印度尼西亚 Permata 银行、韩国第一银行等。2006 年,新加坡国有投资公司淡马锡控股宣布,从邱德拔遗产信托手上收购渣打银行的 1.52 亿股份,即占渣打股权的 11.55%,成为渣打的大股东。2007 年,渣打银行(中国)有限公司成为中国第一批外资本地法人银行。

(5)国际化创新阶段,发挥全球网络布局优势(2017 年至今):2017 年,渣打银行和蚂蚁金服签署合作备忘录,将结合各自在服务新兴市场和科技金融领域的优势,为"一带一路"沿线国家的客户提供更加普惠的金融服务。2018 年,渣打银行宣布成立新的业务部门 SC Ventures,以引领集团的数字化创新、对金融科技和其他初创企业进行投资,及与集团内不同业务部门合作、推动新产品或新业务的快速测试与执行。2019 年,渣打还宣布与 SAP Ariba 开展战略合作,通过 Ariba Network(全球最大的数字商务网络,连接 190 个国家的 420 多万家公司),让亚太地区的企业便捷地使用渣打的金融供应链解决方案。2020 年,受新冠肺炎疫情、美国大选和英国脱欧的不确定性、中美紧张关系加剧的一系列影响,导致了近年来从未出现过的宏观经济和地缘政治动荡,给银行的风险管理带来了巨大挑战,也使其加速创新转型。

5.3 国际化现状

5.3.1 国际化程度居全球最高,近几年小幅下降

目前,从 BII 的表现上看,渣打银行代表了全球性银行国际化的最高水平。2009—2020 年,该行始终保持着 50 分以上的 BII 得分(见图 15),国际化排名连年位于全球性银行榜首。2017 年,渣打银行 BII 得分首次超过 60 分,之后 4 年虽呈现小幅下降趋势,但得分始终保持在 60 分以上。受新冠肺炎疫情冲击导致的宏观经济动荡影响,2020 年渣打银行的 BII 得分下降至 61.60 分,并未大幅下降,主要得益于其应对危机的良好措施和经营、财务弹性。总体来看,这一 BII 得分相比 2009 年上升了 14.84%。

分

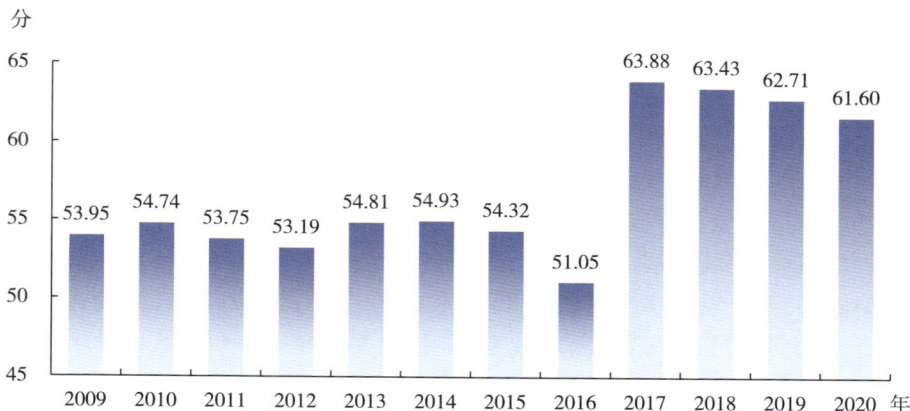

图 15　2009—2020 年渣打银行 BII 得分

（资料来源：浙大 AIF）

注：2017 年渣打银行的 BII 指数一跃至 60 分以上，主要是由于 BII 指数的计算规则从这一年开始发生了变化。

作为全球银行国际化的引领者，2020 年渣打银行的 BII 得分（61.60 分）相比全球化银行 TOP5 均值（55.35 分）多出 6 分。其 BII 得分在英国银行中也遥遥领先，高出英国银行 TOP4 均值（44.04 分）17 分（见表 7）。

表 7　2020 年渣打银行及其他代表性银行 BII 情况

银行分类	银行名称	BII 得分	全球性银行排名
全球性银行 国际化 TOP5	渣打银行	61.60	1
	西班牙国际银行	55.79	2
	巴克莱银行	53.55	3
	荷兰国际银行	53.03	4
	瑞士瑞信银行	52.80	5
	均值	55.35	
英国银行 国际化 TOP4	渣打银行	61.60	1
	巴克莱银行	53.55	3
	汇丰银行	50.96	7
	苏格兰皇家银行	10.03	28
	均值	44.04	

资料来源：浙大 AIF。

5.3.2 境外经营经验丰富，利润主要来自新兴市场

渣打银行国际化的高水平体现在各个方面。

首先，渣打银行的境外资产积累较多，截至 2020 年末，渣打银行境外资产为 5356.12 亿美元，占总资产的 67.88%，进入全球性银行 TOP15。渣打银行的境外资产占比在 2017 年曾达到峰值 72.07%，且与 2019 年相比，2020 年渣打银行境外资产占总资产的比重略有下降，减少了 1.5 个百分点，主要由于近几年境外资产的增长情况趋于平缓（见图 16）。

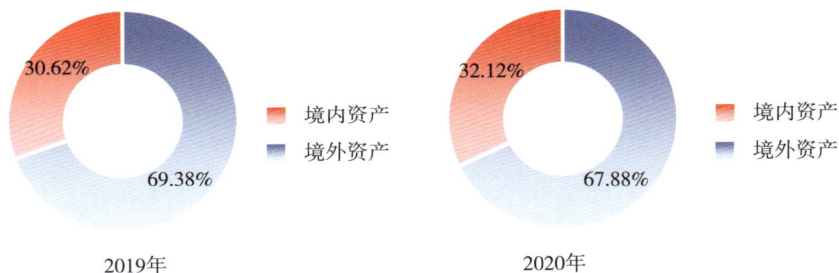

图 16 2019 年、2020 年渣打银行境内外资产情况

（资料来源：浙大 AIF）

其次，渣打银行的境外经营经验丰富，境外营收占集团营业收入的 86.97%，远超其他银行。在渣打银行的全球布局中，其 90% 以上的利润来自大中华区、北亚、东盟、南亚，这也与渣打银行重点发展新兴市场以获得业务增长机会和资本回报的战略重点相符。而由于受到新冠肺炎疫情的冲击，2020 年渣打银行的总利润下降了 40%。同时，疫情对渣打银行全球经营的冲击因地区而异，盈利呈现明显的区域分化趋势。大中华及北亚地区仍为贡献最大的地区，占银行总税前利润的 81%，而受资产减值增加的推动，利润下降 16%。东盟和南亚 4% 的收入增长和 2% 的费用降低被更高的资产减值所抵消，导致利润下降 24%。宏观经济的挑战也引起信贷减值，非洲和中东收入下降 8%，导致利润下滑至 1300 万美元。欧洲和美洲的利润增长了 146%，原因是收入增长了 11% 而支出下降了 6%，反映出金融市场异常强劲的表现。中央及其他地区的损失增加了 5.79 亿美元，至 7.05 亿美元，原因是在利率下降的环境下，向财政部提供的股权回报较低（见表 8）。

表 8　2020 年渣打银行利润地区分布

地区	2020 年（百万美元）	2019 年（百万美元）	增长率（%）
大中华区和北亚	2035	2432	−16
东盟和南亚	779	1025	−24
非洲和中东	13	684	−98
欧洲和美洲	386	157	146
中央及其他地区	−705	−126	−460

资料来源：浙大 AIF、渣打银行年报。

最后，截至 2020 年末，渣打银行的海外分支机构超过 300 家，分布在 59 个国家及地区。其境外雇员数达到 79051 名，占总雇员数的 94.56%。

5.3.3　内生增长优先，必要时采取并购

渣打银行的定位是国际银行而非全球银行，亚洲、非洲和中东是其选定的重点区域。在这三大区域中，主要选择那些有较好的增长前景、渣打银行有能力深入扎根并取得竞争优势的新兴经济体开展业务。在选定的重点国家和地区，渣打银行希望达到一定的市场规模，成为该地域银行体系排名前列的重要一员。渣打银行于 1858—1859 年相继在印度、中国内地、中国香港和新加坡开设分行，此后 150 多年在当地经营未曾间断，成为当地最悠久、最具信誉的外资行之一。渣打银行认为，通过自设机构实现内生增长是创造股东价值的主要方式；并购则主要在内生增长受到限制的情况下开展，且必须服从整体战略，主要目的是强化增长平台。自成立以来，渣打银行长期坚持优先采用自设机构的内生增长模式扩大业务规模。

随着新兴市场增长潜力的释放，渣打银行加大了并购力度，实现了新兴市场网点规模的跨越式发展。1999 年收购黎巴嫩 Etropolitan 银行 89% 的股权和泰国 Nakornthon 银行 75% 的股份；2000 年收购 Grindlays 银行（获 116 个网点），成为印度、巴基斯坦、斯里兰卡最大的国际银行。2003 年以来，根据"引领战略"的需要，并购成了渣打银行扩张的主要方式，且并购的对象锁定为该地区排名较为靠前的银行。在这一战略引领下，渣打银行并购速度明显加快，并通过并购进一步强化了其"引领新兴市场"的战略地位（见表 9）。

表 9　渣打银行在新兴市场进行并购的动机

动机	并购对象、时间及金额	概况描述
市场进入	韩国第一银行（2005 年；33 亿美元）	韩国第七大银行，拥有 6% 的市场份额，400 家分支机构，6.8 万名公司客户，330 万名个人客户
	中国台湾新竹国际银行（2006 年；12 亿美元）	中国台湾的地区性银行，240 万个存款账户，83 个分支机构和 345 台 ATM
巩固已有市场	巴基斯坦联合银行（2006 年；4.13 亿美元）	巴基斯坦第八大银行，在 22 个城市有 65 个分支机构，40 万名零售和小企业客户
	Grindlays（2000 年；13.4 亿美元）	在中东和南亚收购 ANZ 的 Grindlays 商业银行和私人银行业务
未来发展目标	中国渤海银行（2004 年；1.23 亿美元）	1996 年以来中国国内的第一家合资商业银行；总部在天津，但服务范围将扩展到中国其他经济区
开拓新业务	不同地区 ANZ 的项目融资业务（2004 年，15 亿美元）	收购在中东、南非、非洲及欧美等部分目标市场中的 ANZ 的项目融资业务
	中国香港的 Prime 信用卡（2004 年，1.26 亿美元）	在中国香港次级消费贷款市场中具有重要地位，目标对象是低收入阶层
发挥协同效应	大通曼哈顿香港信用卡（2000 年，13 亿美元）	是中国香港市场上领先的信用卡发行机构，主要目标是年轻的职业人；同时还拥有 4 个分支机构提供银行服务

资料来源：浙大 AIF。

5.4　国际化特色

　　渣打银行作为英联邦地区历史悠久的银行集团，其国际化之路几乎在创立之初便已开始，因而国际化特色十分鲜明，国际化经验相当丰富。

　　（1）厚重的国际化历史赋予其"天生的"国际化特性。渣打银行一经诞生便抓住了历史的机遇。1721 年英国颁布《泡沫法案》，规定除获得皇室特许授权外的组织按企业模式经营或发行股票是非法行为，由此保证了包括渣打银行在内的众多企业的行业垄断地位。再加上当时的英国正处于工业革命时期，生产效率的迅速提高也推动了银行业的快速发展。此后，随着英国殖民地的开拓，企业对外贸易的需求不断增长，为渣打银行的国际化扩张之路提供了广阔的市场。

（2）坚持以传统商业银行业务为核心，优先内生增长。渣打银行坚持以传统的商业银行业务为核心的经营策略，使渣打银行与同业相比具有更高的资本充足率、更高的流动性、更强的风险分散能力。此外，渣打银行长期坚持优先采用自设机构的内生增长模式扩大业务规模，并认为这是创造股东价值的主要方式，并购则主要在内生增长受到限制的情况下开展。

（3）根据国际形势积极调整国际化布局，并开拓特色业务。渣打银行的全球化布局在不同时期均有调整，从英属殖民地到欧美地区再到新兴市场，且大多依托市场特性调整业务重点。如在英、美、欧发达市场，渣打银行重点拓展公司业务和高端私人银行业务；在新兴市场，渣打银行凭借较多的机构网点，在大力拓展公司业务的同时，积极拓展中小企业金融、私人银行、个人贷款等零售银行业务，并将中小企业金融服务作为发展零售银行业务、扎根本土市场的重要一环。

（4）深度结合金融科技与网络优势，提高境外服务能力。渣打银行积极参与金融科技业务的开展，通过数字网络技术提升客户服务和经营效率，并结合自身全球网络布局的优势支持企业全球商业活动。如渣打与全球最大的数字业务网络公司 SAPARIBA 达成战略合作，为企业客户提供金融供应链问题解决方案；推行非洲数字化转型战略，在肯尼亚创建辐射非洲地区的科创中心。

5.5　国际化展望

渣打银行在未来不仅面临经济环境和监管规则重塑的外部挑战，也面临自身盈利能力修复和改革创新的内部挑战。但与此同时，后疫情和后脱欧时代也将带来发展机遇，渣打银行应加快绿色金融领域的发展以及数字化转型。

（1）新冠肺炎疫情和脱欧事件带来的双重挑战。一方面，疫情冲击导致银行资产质量恶化，并且由公共卫生关切而非经济问题引发的全球危机的影响在不同的市场和部门之间存在巨大差异，全球复苏将不平衡，对银行的经营恢复造成巨大挑战。另一方面，脱欧之后英国需重新评估并修订金融支付、行为监管和加密货币监管等相关金融服务监管规则，以适应自身发展需求。后续渣打银行需主动完善自身短板，以应对监管合规要求，维持业务稳健运行。

（2）后疫情和后脱欧时代也带来发展机遇。首先，英国政府大力推动低碳经济转型助力绿色复苏，绿色金融产品和相关服务迎来契机，有助于改善银行资产和业务结构。渣打银行也提出了可持续发展的战略目标：率先提供差异化的可持续发展产品。加大在绿色金融领域布局力度，将有助于银行合理配置资产业务结构，实现业务结构多元化发展，在拓宽收入来源的同时满足更高标准的监管要求。其次，疫情改变了金融消费者行为模式，因此全球银行必须加速数字化转型。在大数据、云计算、人工智能等金融科技赋能下，银行可不断创新服务场景，提升非接触金融服务能力及客户黏性。渣打银行独特的全球网络优势也将继续发挥力量，使其通过数字化方式向客户提供一流的新兴和发达市场金融服务。

6　三菱东京日联银行

三菱东京日联银行（以下简称三菱日联）是日本银行业国际化发展的佼佼者，该行 2020 年在全球性银行的 BII 排名中为第 17 位，是 3 家日本跨国银行中得分最高的银行，该行的国际化发展起步于全球化战略联盟的构建，并通过重点布局北美与亚洲地区获得迅速提升。

6.1　国际化背景

2001 年，东京三菱银行、三菱信托银行、日本信托银行合并成为三菱东京金融集团（MTFG）；2005 年，三菱东京金融集团与日联控股合并为三菱日联金融集团（MUFG）。因此，三菱日联较高的国际化水平也在一定程度上源于几家前身的良好基础，当然也与日本在 21 世纪的经济发展与国家政策密切相关。尤其是 2008 年国际金融危机之后，为扶持低迷的经济状况，日本实施大幅宽松的货币政策，低利率甚至负利率政策导致银行息差收窄，日元汇率下跌。为摆脱国内低息差环境，避免日元计价资产的缩水，三菱日联便以成立国际战略联盟为节点开启了境外发展之路，并通过境外设点与跨境并购结合的方式实现境外市场深耕。如今，三菱日联在超过 50 个国家或地区拥有约 1200 个营业点，远超其他日本银行。

6.2　国际化历程

三菱日联集团的海外业务发展主要开始于 2008 年国际金融危机之后，其国际化发展的大事件如下（见图 17、表 10）。

2008—2011年		2011—2018年		2018年至今
全球战略联盟 启动时期	→	国际布局重点范围 的战略转变时期	→	企业全面数字化 转型时期

2008年，以股权投资的方式与摩根士丹利组成全球战略联盟；收购第一家跨境全资子公司——UNBC。 2010年，整合摩根士丹利在日本的证券和投资银行业务。 2011年，新增综合全球业务部门（MUFG Global），提高对亚洲地区新兴市场的重视。	2013年，收购越南工商银行（Vietin Bank）20%的股份，是在东南亚地区的第一笔并购。 2014年，上海自由贸易试验区支行、苏州分公司成立，首次在中国设立分支机构。 2018年，收购澳大利亚联邦银行的全球资管业务（CFSGAM）	2019年，对澳大利亚资产管理公司First Sentier Investors（FSI）进行了战略投资，加强了全球资产管理业务。 2021年，增设数字服务业务（Digital Service），引领企业全面数字化转型

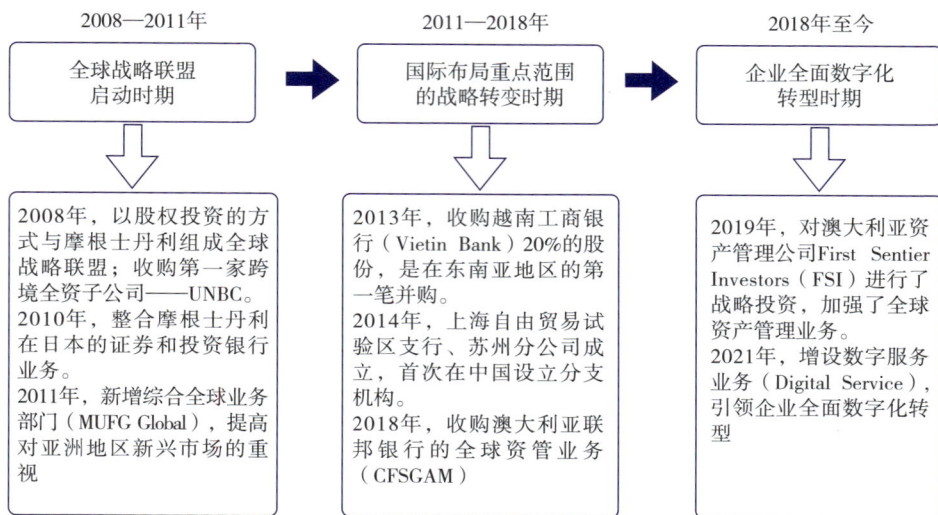

图 17　三菱东京日联银行国际化进程

（资料来源：浙大 AIF，公开报道）

表 10　三菱日联国际化大事件

时间	事件
2001 年	东京三菱银行、三菱信托银行、日本信托银行合并成立三菱东京金融集团（MTFG）
2005 年	三菱东京金融集团和日联控股合并成立三菱日联金融集团（MUFG）
2008 年	三菱日联以股权投资的方式与摩根士丹利组成全球战略联盟
	收购第一家跨境全资子集团——美国 UnionBanCal 集团（UNBC）
2010 年	整合摩根士丹利在日本的证券和投资银行业务
2011 年	购买澳洲资管集团——安保资本（AMP CAPITAL）15%的股份
	新增综合全球业务部门（MUFG Global），提高对亚洲地区新兴市场的重视
2013 年	收购越南工商银行（Vietin Bank）20%的股份，是在东南亚地区的第一笔并购
	成立东南亚地区第一家合并子集团——泰国 Krungsri 集团
2014 年	上海自由贸易试验区支行、苏州分集团成立，首次在中国设立分支机构
2016 年	成立 MUFG 美洲控股集团，遵守美联储的审慎标准
2018 年	收购澳大利亚联邦银行的全球资管业务（CFSGAM）
	发布中期业务计划，聚焦美国和东南亚市场，开发低资本损耗的国际项目融资模式

续表

时间	事件
	收购德国 DVB 银行的航空金融业务
	与美国 Akamai 集团成立基于区块链的在线支付合资企业
2019 年	收购印度尼西亚达纳蒙银行
	对澳大利亚资产管理集团 First Sentier Investors（FSI）进行了战略投资，加强了全球资产管理业务
2020 年	获得中国债券结算代理资格，成为首家被指定的日本银行
2021 年	增设数字服务业务（Digital Service），引领企业全面数字化转型

资料来源：浙大 AIF，公开报道。

三菱日联的国际化进程大致可以分为以下三个主要阶段。

（1）全球战略联盟启动时期（2008—2011 年）：三菱日联成立后不久，全球性金融危机爆发，欧美银行业受到严重冲击，延续海外扩张的动力不足，但三菱日联经过前期的境外业务收缩，在金融危机中遭受的损失较小，为其后续海外业务的扩张提供了契机。2008 年，三菱日联与美国投资银行摩根士丹利组成全球战略联盟，在企业与投资银行、零售银行、资产管理等众多领域确立了长期战略伙伴关系，三菱日联金融集团也重启了自身的国际化进程。之后几年，该行收购了澳洲安保资本（AMP CAPITAL）15% 的股份和美国 Pacific Capital Bancorp 等企业，并逐渐增加在摩根士丹利所拥有的投票权，保持了较为稳健的海外拓展步伐，境外机构数从 460 家增加至 555 家，布局国家或地区数从 45 个增加至 49 个，新增区域集中在欧美和澳洲地区。

（2）国际布局重点范围的战略转变时期（2011—2018 年）：2011 年，三菱日联增设了综合全球业务部门（MUFG Global），明确了海外业务在集团整体战略中的重要性，并指出要提高对亚洲地区新兴市场的重视。2012 年起，三菱日联金融集团的海外扩张动力进一步增强，跨境并购、设立境外分支的频率明显增加，境外布局向东南亚新兴市场加速扩张。2013 年，三菱日联收购越南工商银行（Vietin Bank）20% 的股份，正式进入东南亚市场；同年，该行收购泰国 Krungsri 银行 72% 的股份，通过后者在泰国的 600 余家分支机构、19000 个服务网点，为泰国消费者提供金融产品与服务；2014—2017 年，三菱日联相继在蒙古国、印度尼西亚、中国内地、印度、斯里兰卡、缅甸、中国香港等地设立办事处和分支机构；2018 年，三菱日联收购澳大利亚 Colonial First State Group Limited 的 9 家子集团，成为全球资产管理市场的主要参与者；至今，三菱日联金融集团已拥有 1200 余家境外分支机构，相比成立之初增加近

3 倍。此外，该行还发布了中期业务计划（Medium-Term Business Plan），设立了专门的业务部门，聚焦日本、美国、东南亚地区的零售和中小企业银行业务，提出发展"低资本损耗"的国际项目融资业务模式，旨在成为"日本无与伦比的行业领袖和在海外拥有重要影响力的全球性集团"。

（3）企业全面数字化转型阶段（2019 年至今）：2019 年，集团对澳大利亚资产管理公司 First Sentier Investors（FSI）进行了战略投资，加强了全球资产管理业务；2021 年，三菱日联增设数字服务业务（Digital Service），提供数字驱动的金融服务，引领企业全面数字化转型。企业的目标为在未来三年内成为"通过金融和数字服务的力量开拓未来的首要商业合作伙伴"。

6.3　国际化现状

6.3.1　整体业务平稳增长，境外业绩下降明显

三菱东京日联银行的国际化水平在日本乃至全球都处于领先地位。从历史视角出发，三菱日联的国际化水平在 2010—2019 年表现出了显著而持续的增长态势（见图 18）。三菱日联在成立之初正处于全球性战略联盟的启动时期，国际化发展水平相对较低，BII 得分低于 30 分，且每年的变动不大。直至 2011 年增设综合全球业务部门后，该行提高了对日本周围新兴亚洲市场布局的重视，国际化水平得到了明显的提升：2012 年 BII 得分首次突破 30 分，随后总体呈现平稳的上升态势。随着 2018 年中期业务计划的实施，三菱日联的海外业务进一步扩张，2019 年，银行 BII 得分达到 45.10 分的历史高位。2020 年，受新冠肺炎疫情及中美贸易摩擦影响，集团境外营收占比大幅下降，银行 BII 得分降至 33.57 分。

三菱日联的国际化水平受到多个因素的影响，一方面，新冠肺炎疫情对各地经济状况造成负面影响的因素将会遏制集团的国际化发展。例如，新冠肺炎疫情使得集团不得不暂时关闭一些营业场所，这将导致集团的经营能力下降。然而，尽管疫情带来了负面影响，代表集团在主要业务中盈利能力的营业净利润总额为 112.76 亿美元，同比增长 5.40%（见图 19）。这主要是由于贷款利差的改善、海外证券业务利润的增长、灵活的资金运作的积极影响以及一些新合并的海外子集团对全年经营业绩的贡献。集团在国内外降低成本的努力也促进了利润增长。因此，集团实现了营业净利润连续两年的增长。

分

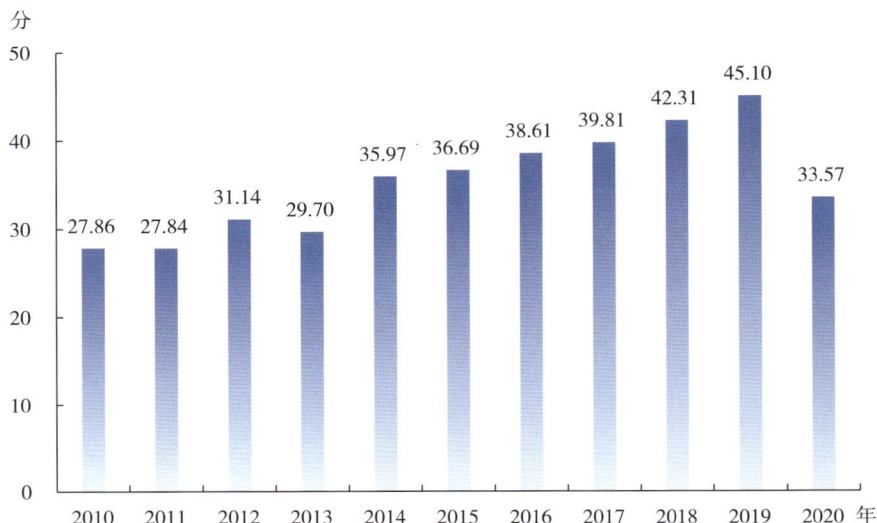

图 18 2010—2020 年三菱东京日联银行 BII 得分
（资料来源：浙大 AIF）

亿美元

图 19 2018—2020 年三菱东京日联银行毛利润及营业净利润
（资料来源：浙大 AIF，三菱东京日联银行年报）

　　虽然三菱日联的整体经营状况基本未受到影响，但集团营收占比下降明显。三菱日联的境外业务创收能力自 2015 年起显著增强，2017 年已超过境内业务，境外营收规模占集团总营收规模的一半以上。2019 年，该行境外营收达 379.91 亿美元，同比增加 17.39%，占总营收规模的 72.48%。然而，受新冠肺炎疫情影响，集团的境外经营能力大幅下降，境外营收占比下降至 43.34%（见图 20）。

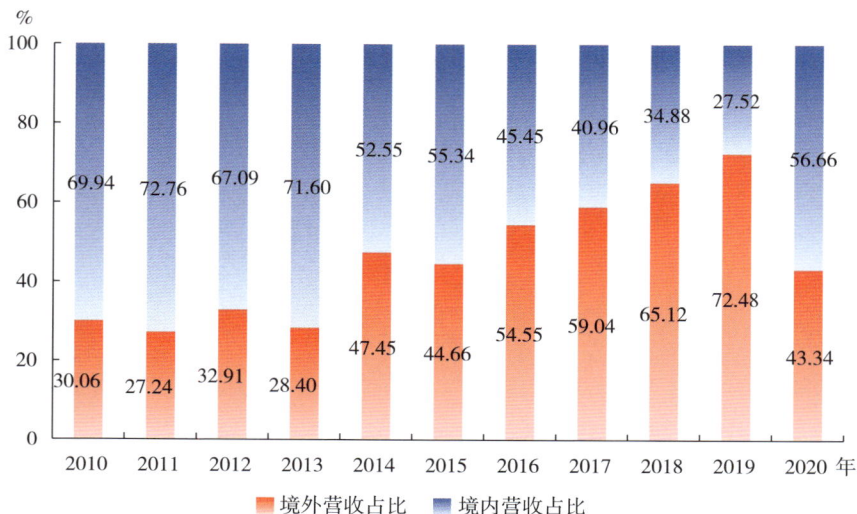

图 20　2010—2020 年三菱东京日联银行境内外营收占比

（资料来源：浙大 AIF，三菱东京日联银行年报）

6.3.2　国际化水平仍有不足，未来存进一步发展空间

从同行视角出发，三菱东京日联银行不仅是日本国际化水平最高的银行，在全球性银行国际化排名中也名列前茅，排名第 17 位。2020 年，三菱日联的 BII 得分（33.57 分）远超过其余两家日本银行，但与全球性银行国际化排名 TOP5 相比仍有差距（比 TOP5 银行均值低 39.88%），未来存在进一步发展的空间（见表 11）。

表 11　2020 年三菱东京日联银行及其他代表性银行 BII 情况

银行分类	银行名称	BII 得分	全球性银行排名
全球性银行国际化 TOP5	渣打银行	61.60	1
	西班牙国际银行	55.79	2
	巴克莱银行	53.55	3
	荷兰国际银行	53.03	4
	瑞士瑞信银行	52.80	5
	均值	55.35	

银行分类	银行名称	BII 得分	全球性银行排名
日本银行 国际化 TOP4	三菱东京日联银行	33.57	17
	日本瑞穗金融集团	6.43	54
	三井住友银行	—	133

资料来源：浙大 AIF。

此外，集团独特的集团业务结构将为集团国际化发展提供支撑。集团原有的集团业务结构由零售与商业银行业务集团、日本企业与投资银行业务集团、全球企业与投资银行业务集团、全球商业银行业务集团、资产管理与投资者服务业务，以及全球市场业务集团 6 部分组成，分别占营业净利润的 18%、17%、11%、20%、6%、28%。在此基础上，三菱日联于 2021 年新设数字服务业务集团，专注于为客户提供基于数字的金融服务，引领集团的全面数字转型，将为集团国际化发展提供更强大的业务平台（见图 21）。

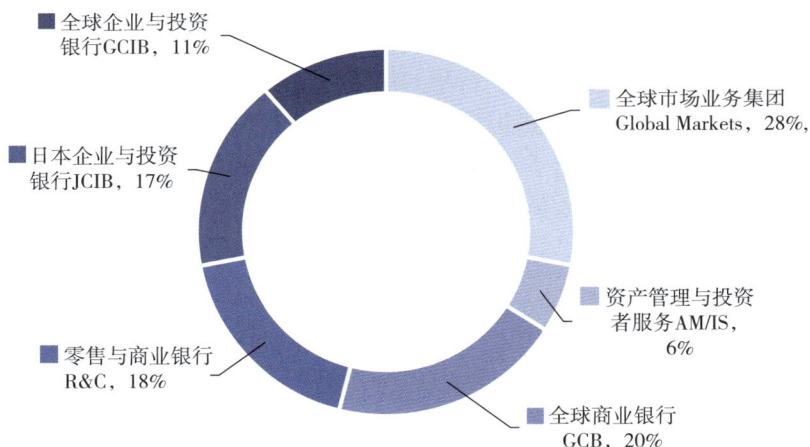

图 21　2020 年三菱东京日联银行营业净利润组成

（资料来源：浙大 AIF，三菱东京日联银行年报）

6.4　国际化特色

三菱东京日联银行的国际化发展具有独特的战略优势，以建立战略联盟的方式启动国际化进程，并在随后的发展中立足自身区位优势，及时调整海外布局重点区域，逐步完成从全球范围内织网到重点市场深耕的国际化历程。

（1）建立全球战略联盟，推进集团国际化进程。2008 年，三菱日联通过与摩根士丹利建立战略联盟的方式启动了国际化进程，二者的全球战略联盟伙伴关系延续至今。根据该联盟，集团在日本经营两家合资证券集团，在美国从事联合企业融资业务，并寻求其他合作机会。截至 2021 年 3 月 31 日，集团持有摩根士丹利约 20.2% 的投票权，并继续持有约 5.214 亿美元的永久性非累积不可转换优先股，股息为 10%。此外，集团目前在摩根士丹利的董事会中有两名代表。集团维持这一战略联盟是为了与摩根士丹利进行长期合作，除了专注于投资银行合作的伙伴关系，该联盟还扩大到包括财富管理和其他业务，并准备进入一个新的阶段。

（2）集团独特的业务组合，提供国际化基础。为了充分利用集团作为处理综合金融服务的企业集团的优势，集团引入了一个企业集团结构，旨在统一集团的战略方针，并通过集团之间的密切合作促进业务发展。为了满足不同的客户需求，集团的业务团队参与制定战略和实施措施，以整合各集团在其优势领域提供的能力。通过稳步无机扩张，集团拓展了海外业务组合，奠定了国内金融业其他集团无可比拟的广泛业务基础。

（3）涵盖东盟地区的商业银行平台，助力集团国际化发展。集团通过投资泰国、印度尼西亚、越南和菲律宾 4 个国家的商业银行，开发了一个涵盖东盟地区的商业银行平台。由于这些国家的国内生产总值增长率相对较高，而且随着东盟国家平均收入的增加，金融需求预计将增加，因此市场在中长期内将进一步扩大。集团自身的全球影响力与合作银行的区域影响力相结合，将为集团提供独特的竞争优势。

6.5　影响三菱东京日联银行国际化的潜在风险

（1）各地经济状况恶化的风险。三菱东京日联银行的境外资产占比较高，截至 2021 年 3 月 31 日，主要根据债务人的住所，与美国相关的资产约占集团总资产的 14.0%，与亚洲和大洋洲（不包括日本）相关的资产约占集团总资产的 8.9%，与欧洲相关的资产约占集团总资产的 6.0%，集团的盈利水平及国际化程度易受各地经济状况影响。而日本和世界各地的经济状况可能会因各种因素而恶化，包括新冠肺炎疫情以及各地为应对疫情而采取的措施（包括对旅行、商店经营和其他经济活动的限制）。此外，日本和全球经济的不确定性仍然存在，这不仅是因为新冠肺炎疫情的结束时间不可预测，还因为对美国政治发展的担忧等其他因素，各国和地区贸易政策的变化、对中美贸易冲突的担忧、英国退出欧盟后欧洲经济的变化可能对国际贸易产生的负面影响,以及世界各地的经济停滞和政治动荡,等等。

（2）与摩根士丹利的战略联盟失败的风险。如果集团与摩根士丹利的战略联盟终止,可能会对集团的业务战略、财务状况和经营成果产生重大负面影响。例如,由于集团通过与摩根士丹利的合资集团在日本开展证券业务,此类终止可能导致集团无法实现该业务领域的计划增长。此外,就集团目前对摩根士丹利的投资而言,集团既没有对摩根士丹利的控股权益,也没有对其业务运营的控制权。如果摩根士丹利做出任何与集团利益不一致的商业决策,集团就可能无法实现最初为战略联盟设定的目标。最后,由于集团在战略联盟中的投资规模较大,如果摩根士丹利因经济、监管环境或其他因素的不利变化而遇到财务或其他业务困难,集团的投资同样会遭受财务损失或声誉受损。

7　大华银行

大华银行在区域性银行国际化程度上处于领军者地位,该银行 2020 年在区域性银行 BII 排名中位于第 4 名,在"一带一路"沿线银行 BII 排名中也比较靠前,但其 BII 得分与全球性银行 TOP20 的 BII 得分均值仍有 10 分左右的差距。

7.1　国际化背景

大华银行是亚洲银行业的翘楚,拥有超过 500 家分行及办事处的环球业务网,分布在亚太、欧洲与北美的 19 个国家和地区。在亚洲,大华银行通过新加坡总行和在中国、印度尼西亚、马来西亚、泰国及越南的附属银行以及各地分行和办事处,开展广泛的金融业务。1935 年,在全球还处于经济大萧条后的不确定期,大华银行开业为新加坡的商业社群提供银行服务。从此,大华银行通过自身发展和一系列的战略收购行动不断壮大。如今大华银行获评为世界顶尖银行之一:穆迪给予"Aa1"评级,标准普尔和惠誉分别给予"AA-"评级。

7.2　国际化历程

大华银行的国际化历程始于成立 30 年后，在中国香港开设第一家海外分行，随后通过在全球尤其是亚太地区设立分支机构拓展海外版图。图 22 简单列举了其全球布局的拓展历程。

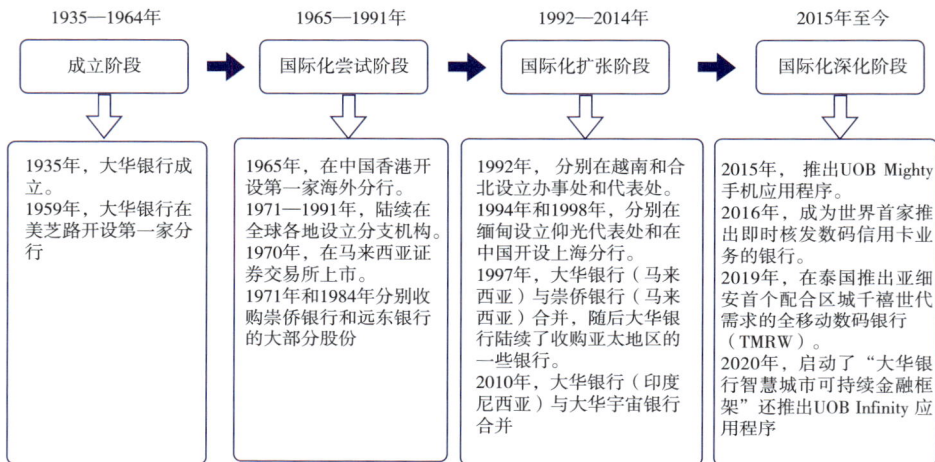

1935—1964年	1965—1991年	1992—2014年	2015年至今
成立阶段	国际化尝试阶段	国际化扩张阶段	国际化深化阶段
1935年，大华银行成立。1959年，大华银行在美芝路开设第一家分行	1965年，在中国香港开设第一家海外分行。1971—1991年，陆续在全球各地设立分支机构。1970年，在马来西亚证券交易所上市。1971年和1984年分别收购崇侨银行和远东银行的大部分股份	1992年，分别在越南和台北设立办事处和代表处。1994和1998年，分别在缅甸设立仰光代表处和在中国开设上海分行。1997年，大华银行（马来西亚）与崇侨银行（马来西亚）合并，随后大华银行陆续了收购亚太地区的一些银行。2010年，大华银行（印度尼西亚）与大华宇宙银行合并	2015年，推出UOB Mighty手机应用程序。2016年，成为世界首家推出即时核发数码信用卡业务的银行。2019年，在泰国推出亚细安首个配合区域千禧世代需求的全移动数码银行（TMRW）。2020年，启动了"大华银行智慧城市可持续金融框架"还推出UOB Infinity应用程序

图 22　大华银行国际化大事件

（资料来源：浙大 AIF，大华银行年报）

大华银行的国际化历史主要可以分为以下四个阶段：

（1）成立初期阶段，专注本地发展（1935—1964 年）：1935 年，大萧条后的全球经济仍不明朗，以拿督黄庆昌为首 7 名商人创办了大华银行，为新加坡的商业社群服务。1959 年，大华银行在美芝路开设第一家分行。

（2）国际化尝试阶段，在亚太、欧洲及北美地区陆续设立分行（1965—1991 年）：1965 年，大华银行将英文名改为 United Overseas Bank，开启了国际化之路，并在中国香港开设第一家海外分行。1970 年，大华银行在马来西亚证券交易所上市，随后在全球各地陆续设立了分支机构。1971—1991 年，大华银行陆续在日本开设东京分行，在英国开设伦敦分行，在美国开设纽约代理机构、洛杉矶代理机构和温哥华附属机构，在韩国开设首尔代表处，在中国开设北京代表处和厦门分行，在澳大利亚悉尼设立证券银行。此外，大华银行于 1971 年和 1984 年分别收购崇侨银行和远东银行的大部分股份。

（3）国际化扩张阶段，加速亚太地区的银行收购（1992—2014 年）：1990

年代，大华银行开始注重其在亚太地区的扩张。1992 年，大华银行成为首家在越南设立办事处的银行，并且在中国台北设立代表处。1994 年和 1998 年，分别在缅甸设立仰光代表处和在中国开设上海分行。1997 年，大华银行（马来西亚）与崇侨银行（马来西亚）合并，随后大华银行陆续收购菲律宾威士茂银行、泰国汇宝银行、华联银行、泰国亚洲银行等，迅速扩大了自身在亚太地区的布局。2010 年，大华银行（印度尼西亚）与大华宇宙银行合并。

（4）国际化深化阶段，注重提升数字化金融服务（2015 年至今）：2015 年，正值大华银行成立 80 周年之际，推出 UOB Mighty，它是除美国外首个让客户能够进行免接触式支付的保安编码技术手机应用程序。2016 年，成为世界首家推出即时核发数码信用卡业务的银行。2019 年，在泰国推出东盟首个配合区域千禧世代需求的全移动数码银行（TMRW）。2020 年，启动了"大华银行智慧城市可持续金融框架"，成为亚洲首家支持企业为创建智慧城市做出贡献的银行；还推出 UOB Infinity 应用程序，为业务提供崭新的数码银行体验。

7.3　国际化现状

7.3.1　国际化水平稳中有进，在区域性银行中具有代表性

从 BII 的表现上看，大华银行作为区域性银行国际化的中坚力量，持续发挥着其在亚太地区的国际影响力，近十多年来该行的 BII 指数稳中有进，国际化排名位于区域性银行 TOP5。虽然全球业务受到新冠肺炎疫情的影响，2020 年大华银行的 BII 得分仍上升至 32.80 分。总体来看，这一 BII 得分相比 2005 年上升了 27.03%（见图 23）。

2020 年大华银行的 BII 得分（32.80 分）进入区域性银行国际化 TOP5，相比区域性银行 TOP5 的均值（40.67 分）还有一定差距。作为 RCEP 的成员国，大华银行的 BII 得分略高于 RCEP 成员国银行 TOP4 均值（32.28 分），展现了其立足于亚太区域经营的国际化水平（见表 12）。

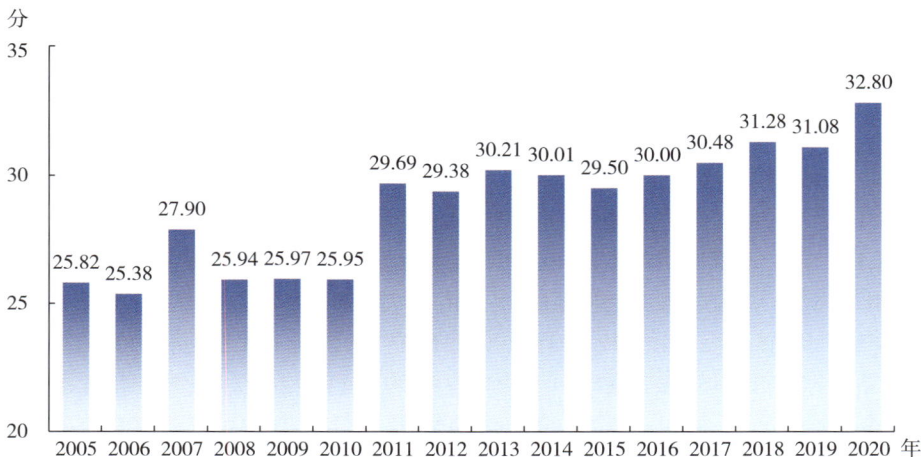

图 23　2005—2020 年大华银行 BII 得分

（资料来源：浙大 AIF）

表 12　2020 年大华银行及其他代表性银行 BII 情况

银行分类	银行名称	BII 得分	区域性银行排名
区域性银行 国际化 TOP5	北欧联合	52. 14	1
	阿拉伯银行	45. 50	2
	国民联合银行	40. 62	3
	大华银行	32. 80	4
	华侨银行	32. 29	5
	均值	40. 67	
银行分类	银行名称	BII 得分	全球性银行排名
RCEP 成员国银行 国际化 TOP4	三菱东京日联银行	45. 10	10
	大华银行	32. 80	18
	华侨银行	32. 29	19
	马来亚银行	26. 94	26
	均值	32. 28	

资料来源：浙大 AIF。

7.3.2　境外资产与境外营收占比接近半数，利润主要来自亚太地区

从境外资产表现来看，2020 年大华银行的境外资产为 1800.91 亿美元，占总资产的 41.71%，相比 2019 年 40.99% 的占比上升了 1 个百分点。总体来说，

大华银行的境外资产数几乎与境内资产数相当，国际化潜力巨大（见图24）。

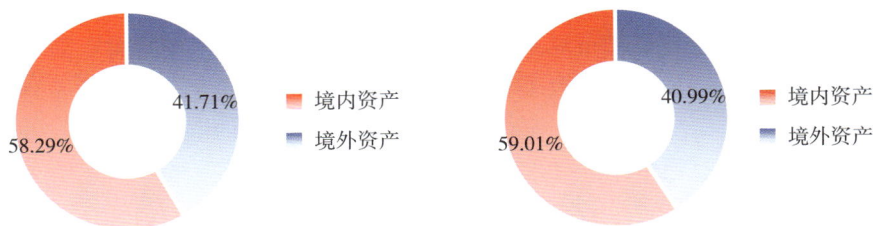

图 24　2019 年、2020 年大华银行境内外资产情况

（资料来源：浙大 AIF）

2020 年，大华银行的境外营收为 43.16 亿美元，占总营收的 47.04%，相比一些全球性银行还有进一步提升的空间。除新加坡本土外，东南亚其他国家为其利润做出巨大贡献。新加坡地区的营业盈利在 2020 年下降 21%，至 26 亿美元。东南亚其他国家专营在 2019 年增长 7%，其中大部分来自印度尼西亚和马来西亚的强劲增长。在印度尼西亚推出的 TMRW 备受好评，并开辟了一个具有成本效益的替代资金来源。因此营业盈利在 2020 年提高了 54%，至 2 亿美元。一方面，由于政府证券和国库券收入的净利息收入增加，马来西亚的营业盈利增加了 4%，达 7 亿美元。另一方面，由于泰国的盈利率压缩和疫情的不确定性所导致的影响，手续费收入下降，因此存款下降了 3%，至 4 亿美元。在泰国，TMRW 吸引了更多活跃客户，表现令人鼓舞。从北亚地区来看，大中华区的增长放缓，但被韩国有所改善的业绩抵消，因此和 2019 年相比，北亚表现平平。世界其他国家营业盈利提高 9%，至 6 亿美元，主要归功于美国和欧洲市场的提高（见表 13）。

表 13　2020 年大华银行利润地区分布

国家和地区	2020 年（百万美元）	2019 年（百万美元）	增长率（%）
新加坡	2592	3276	−21
东南亚其他国家	1302	1220	7
马来西亚	675	649	4
泰国	392	405	−3
印度尼西亚	211	137	54
其他	24	29	−17
北亚	548	556	−1
其他国家	4992	5558	−10

资料来源：浙大 AIF，大华银行年报。

7.3.3　形成以亚太地区为重点的全球机构布局，并加强机构间联系

从境外机构的数量和布局来看，截至 2020 年末，大华银行共有海外分行和办事处 430 家，其中亚太地区 420 家，深入贯彻了其立足于亚洲的全球化经营策略。

大华银行通过通信网络技术加强了全球机构间的联系。早期在世界范围内设立分支网点的计划经常受制于管理信息的沟通不畅，集团有时不得不把远离新加坡本土的分支网点作为单独自治的分散业务单元，这在一定程度上削弱了整个集团管理的效率和效益。近年来，宽频通信网络技术的应用克服了这些困难，遍布世界各地分支网点的现场信息，被同步传送到新加坡总部。大华银行在资讯科技方面的优先任务，是致力于不断地发展最新科技，一方面配合客户的需求，另一方面增强银行营运的效能。大华银行不断投资于能量更大的最新计算机主机，以满足最大计算机操作需求；推行全球电子通信，将现有电子邮递扩大到全球，大大加强了总部和海外分行、世界各地的客户和商业伙伴的信息联系。

7.4　国际化特色

大华银行作为亚洲地区最具有影响力的银行之一，跟随着国际化金融的脚步，针对自身特点积极拓展国际市场，为区域性银行国际化做出了良好的示范效应。

（1）采取"立足亚洲走向全球"的国际化策略。大华银行在国际营业机构的设置上采取了"立足亚洲走向全球"的国际化策略。该行国际部副总裁王世荣说，银行要知道自己的利基和弱点，然后尽量发扬光大利基，掩盖弱点，才不会以卵击石，而新加坡与其他亚太国家在文化、语言上接近的优势，使亚太地区成为大华银行最佳的向外发展区域。但是，考虑到地区风险和更大的利益，又必须在立足亚洲的基础上走向全球。

（2）坚持以巩固核心业务为导向的战略性并购，拓展国际市场。大华集团的核心业务主要分布在三大领域，即国际银行业务、商业银行业务和投资银行业务。国际银行业务在大华银行集团中的地位首屈一指。集团早在酝酿收购崇侨银行时就已看到，大华银行的前途在于发展国际业务，新加坡当前只有220 万人口，国内市场有限，只有在其他国际金融中心立足，才能使大华银行真正成长壮大。大华银行于 1965 年在中国香港设立分行，正式开始拓展国际

业务；而 1972 年东京分行的设立标志着大华开始真正走向世界。

7.5 国际化展望

（1）新冠肺炎疫情后加快转型进程，推进数字化战略的实行。大华银行在数字化能力方面的重大投资使其能够推出创新的产品和服务，并增强渠道和平台，例如 UOB Mighty、UOB Infinity 和全移动数码银行 TMRW。此外，大华银行 2020 年 8 月在印度尼西亚推出了 TMRW，这是继泰国之后的第二个东盟市场。在科技和数码化的帮助下，银行的生产力、合规性和坚韧性也可以得到提高。不仅如此，还能提升网络安全以及其打击日益复杂的金融犯罪的能力。在疫情后的大环境下，推进数字化转型十分必要，这也是推动长期战略性成长的有效方法。

（2）利用在亚太地区广泛的区域业务网，推动东盟地区的贸易联系。RCEP 的签署在投资便利化上会有极大改变。这将给全球 FDI 复苏带来正面的影响，吸引更多 RCEP 区域以外的企业到区内进行投资，这也意味着市场和资源竞争将会加大。据统计，在过去十年，大华银行的外国直接投资（FDI）咨询部已为 3500 家国内外企业到东盟拓展业务提供了协助，其中中资企业占比 45%。值得注意的是，粤港澳大湾区内的企业跨境交易和投融资需求也正日益增长，目前大华银行已在大湾区建立了 6 家分支机构，以支持数字科技、通信电子、环保创新等企业进入东南亚市场。在东盟地区，大华银行拥有同业中最广泛的区域业务网，其与大中华地区的联通使它能够帮助客户抓住区域契机。

8 印度尼西亚国家银行

印度尼西亚国家银行，简称 BNI，最初是在印度尼西亚成立的中央银行，后发展成为具有商业银行地位的国有银行，被赋予改善人民经济和支持印度尼西亚发展的重任，印度尼西亚国家银行 2020 年 BII 指数在全球性银行中排名第 57 位，相较上年上升 13 位。印度尼西亚国家银行的国际化发展颇具潜力，正朝着"成为具有可持续服务和卓越绩效的金融机构"而努力。

8.1　国际化背景

印度尼西亚国家银行作为一家国有企业，1996年在雅加达证券交易所和泗水证券交易所上市，成为第一家上市的政府银行。为了加强其金融机构和在国家银行业的竞争力，银行采取一系列公司行动，包括1999年由政府注资、2007年政府撤资以及2010年有限公开发行。目前，印度尼西亚国家银行60%的股份归印度尼西亚共和国政府所有，其余40%为国内外公众、个人和机构所有。从总资产、信贷总额和第三方基金总额来看，印度尼西亚国家银行现已被列为印度尼西亚第四大国家银行。截至2020年末，印度尼西亚国家银行总资产高达612.34亿美元，营业收入35.75亿美元，拥有1个总部、17个地区办事处、6个海外分支机构和2340个办公网络。

目前，印度尼西亚国家银行拥有由全球印度尼西亚国家银行海外分支机构（纽约、香港、首尔、东京、伦敦和新加坡）代表的全球业务网络，这可为印度尼西亚全球客户及其交易提供服务。此外，中国与印度尼西亚经贸合作的深化为印度尼西亚国家银行的国际化发展提供新的增长点。2020年，RCEP的正式签署将为印度尼西亚银行业参与中国市场创造更多机会，引领中国与印度尼西亚合作迈上新台阶，进一步推进印尼国家银行的国际化进程。2021年，中国与印度尼西亚两国央行正式启动两国本币结算机制，此举再次推进两国经贸合作，为印尼国家银行提升国际化水平创造新契机。

8.2　国际化历程

印度尼西亚国家银行的海外业务发展主要开始于20世纪60年代，国际化发展较慢，目前国际化水平较低，其国际化发展的典型事件如下（见表14）。

表14　印度尼西亚国家银行国际化大事件

时间	事件
1950年	BNI作为一家开发银行被授予作为外汇银行的权利
1955年	BNI转变为一家商业银行，并在新加坡开设了第一家海外分行
1996年	BNI在中国香港设立BNI汇款有限公司
2007年	BNI在雅加达和泗水证券交易所上市的同时发行了新股，与政府股票撤资计划同时进行。随着这两个项目的完成，公有制增加到23.64%

时间	事件
2009 年	BNI 股东同意将业务单位 syariah Bank 分离为独立的业务实体
2012 年	BNI 通过其伦敦分行发行价值 5 亿美元的全球债券，BNI 的全球债券在新加坡证券交易所注册
2013 年	BNI 加入了与住友人寿保险公司（Sumitomo Life Insurance Company）的战略合作伙伴关系
2017 年	BNI 汇款引入了中国香港的移动银行服务，以进一步加强其有效和高效的数字银行服务，为客户理财
2019 年	BNI 成为第一家通过手机银行应用启动数字账户开立的政府银行
2020 年	为了支持创建具有全球能力的国家伊斯兰银行，该公司与 BRI 银行和 Mandiri 银行签署了一项协议，将 BNI syariah 与 Mandiri syariah 和 BRI syariah 合并

资料来源：浙大 AIF，公开报道。

印度尼西亚国家银行的国际化发展目前正处于起步阶段，其国际化进程可分为两个时期：

（1）国际化进程起始时期（1955—2016 年）：1955 年，印度尼西亚国家银行在新加坡开设了第一家海外分行。1996 年，印度尼西亚国家银行在中国香港设立印度尼西亚国家银行汇款有限公司。2012 年，银行通过其伦敦分行发行价值 5 亿美元的全球债券，印度尼西亚国家银行的全球债券在新加坡证券交易所注册。印度尼西亚国家银行在纽约、香港、首尔、东京、伦敦和新加坡拥有 8 家海外分支机构。

（2）国际化进程加速时期（2017 年至今）：2017 年，印度尼西亚国家银行汇款引入了中国香港的移动银行服务，以进一步加强其有效和高效的数字银行服务，为客户理财。2019 年，银行成为第一家通过手机银行应用启动数字账户开立的政府银行。2020 年，为了支持创建具有全球能力的国家伊斯兰银行，银行与 BRI 银行和 Mandiri 银行签署了一项协议，将印度尼西亚国家银行 syariah 与 Mandiri syariah 和 BRI syariah 合并。凭借自身强劲的数字化优势，印度尼西亚国家银行的全球业务网络正不断扩张。

8.3　国际化现状

8.3.1　BII 得分稳中有升，境外业务短板明显

印度尼西亚国家银行的国际化水平整体偏低，但近年来呈逐步增长态势。2014—2020 年，印度尼西亚国家银行的 BII 指数基本保持稳定增长，目前已稳定在 5 左右。2019 年，受到中美贸易冲突影响，印度尼西亚经济增长放缓，境外营收占比及境外资产占比均大幅下降（分别下降 1.22 个和 1.06 个百分点），境外资产占比的下跌使 BII 指数下滑，仅为 4.17 分。2020 年，得益于银行自身的数字化优势和中国与印度尼西亚经贸合作的深化，印度尼西亚国家银行的境外营收占比由 0.69% 提升至 3.31%，同比增加 2.62 个百分点，印度尼西亚国家银行的 BII 得分达到近七年峰值，为 5.31 分，同比增长 27.34%（见图 25）。

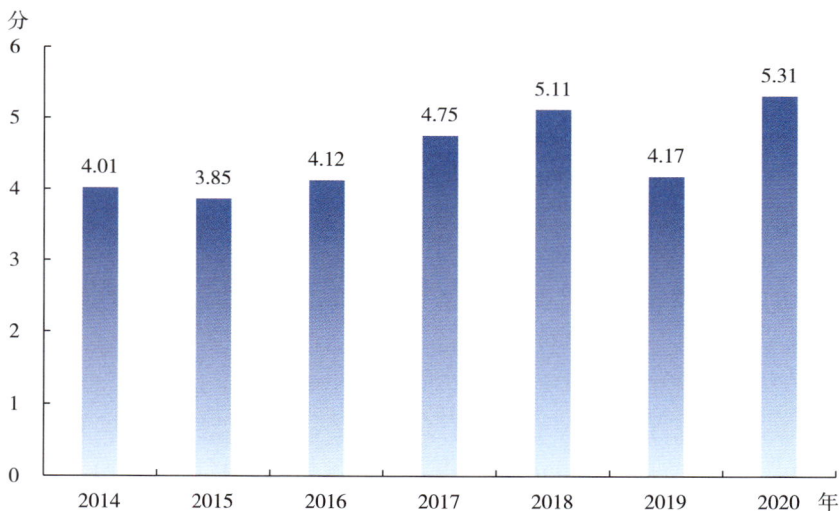

图 25　2014—2020 年印度尼西亚国家银行 BII 得分

（资料来源：浙大 AIF）

从图 26 可以明显看出，2015 年至 2020 年，印尼国家银行营业利润保持增长同时近几年来逐步趋于稳定。2020 年，印度尼西亚和全球宏观经济面临诸多挑战。新冠肺炎疫情和随后的限制流动政策对全球金融市场造成巨大不确定性。一方面，印度尼西亚经济发展受阻，印度尼西亚经济增长率由 2019 年的

5.02%下降至 2020 年的负增长 2.07%，消费及生产投资需求减少；另一方面，2020 年的新型冠状病毒大流行极大地影响了客户交易模式，疫情期间交易大多以数字方式进行，使得传统的线下银行发展受到巨大冲击，但同时也为银行的数字化业务提供了新的发展机遇。2020 年虽有各种负面因素的叠加，但银行通过有效的贷款模式和保持最佳资本机构，使营业收入增长至 35.75 亿美元，同比增长 0.46%，营业利润较 2019 年也略有上浮。

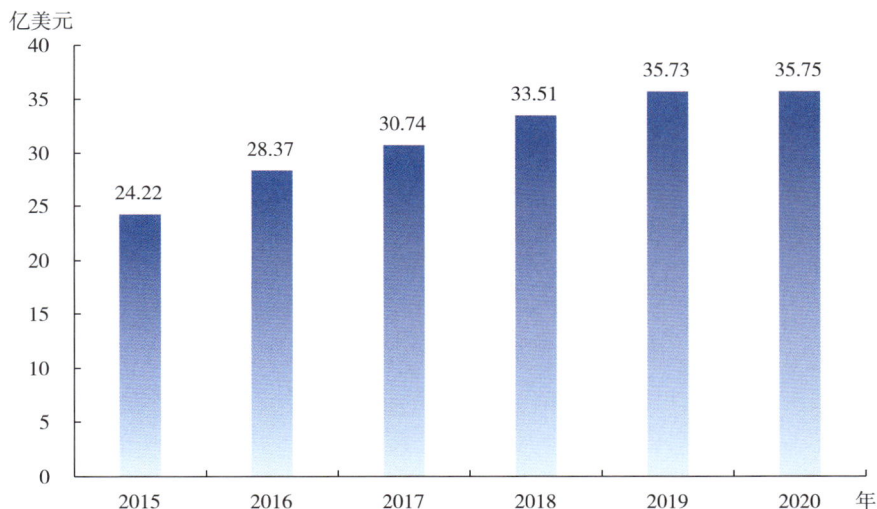

图 26　2015—2020 年印度尼西亚国家银行营业利润

（资料来源：浙大 AIF，印度尼西亚国家银行年报）

　　然而，印度尼西亚国家银行的境外发展水平持续偏低，海外分支机构数量较少。印度尼西亚国家银行专注于印度尼西亚相关业务的发展，其海外分行（KCLN）的战略侧重于为印度尼西亚相关业务融资，以支持银行扩张。近年来，银行境外营收占比不足 5%，受中美贸易摩擦影响，银行 2019 年境外营收占比大幅下降，仅为 0.69%。2020 年，海外分行（KCLN）成功实施缓解全球新冠肺炎疫情造成的业务风险的战略，使得银行境外营收占比回升至 3.31%，同比上升 2.62 个百分点（见图 27）。

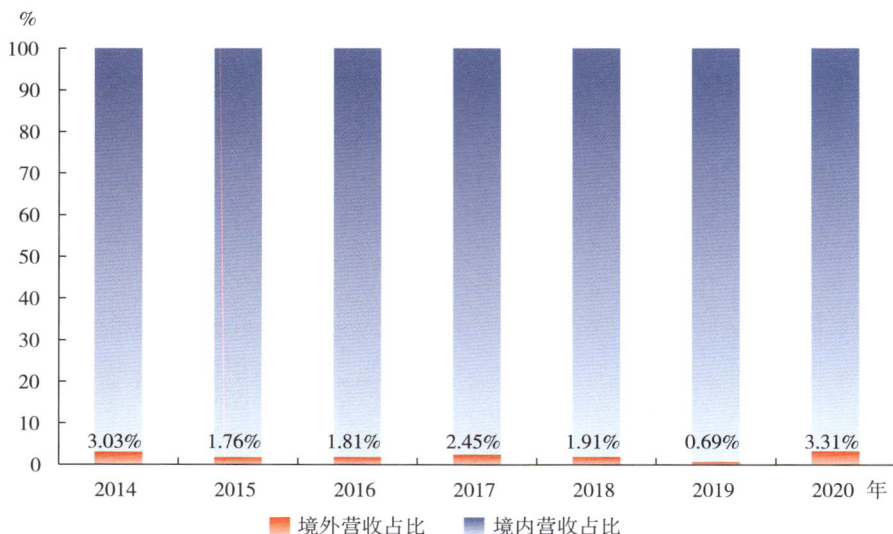

图 27　2005—2020 年印度尼西亚国家银行境内外营收占比

（资料来源：浙大 AIF，印度尼西亚国家银行年报）

从表 15 可知，相较于其他排名接近的银行，印度尼西亚国家银行的境外营收占比与机构国家数量占比均处于较低水平，境外资产占比高于除交通银行外的其他三国。印度尼西亚国际银行的全球布局起步较晚且发展较慢，此外，银行的业务重心并不在海外，银行国际化发展仍处于起步阶段，境外业务短板明显。

表 15　2020 年印度尼西亚国家银行及其他 BII 排名相似银行基本情况对比

银行名称	全球性银行排名	境外营收占比	境外资产占比	机构国家占比
交通银行	52	5.60%	10.42%	9.64%
中国建设银行	53	2.82%	5.10%	15.74%
中国农业银行	54	6.76%	4.44%	8.63%
巴西银行	55	5%	7.04%	7.61%
印度尼西亚国家银行	57	3.31%	9.07%	3.55%

资料来源：浙大 AIF。

8.3.2　国际化水平有限，但发展潜力巨大

印度尼西亚国家银行是印度尼西亚国际化程度最高的银行，但在全球银行

国际化排名靠后，排名第 57 位。2020 年，印度尼西亚国家银行的 BII 得分
（5.31 分）高于其余三家印度尼西亚银行，但显著低于全球性银行排名 TOP5，
并且 BII 得分不足 TOP5 银行均值的 10%。然而，印度尼西亚国家银行积极进
行数字化转型，使得未来国际化水平存在巨大发展潜力（见表 16）。

表 16 2020 年印度尼西亚国家银行及其他代表性银行 BII 情况

银行分类	银行名称	BII 得分	全球性银行排名
全球性银行 国际化 TOP5	渣打银行	61.6	1
	西班牙国际银行	55.79	2
	巴克莱银行	53.55	3
	荷兰国际银行	53.03	4
	瑞士瑞信银行	52.8	5
	均值	55.35	
印度尼西亚银行 国际化 TOP4	印度尼西亚国家银行	5.31	57
	曼迪利银行	3.35	70
	印度尼西亚人民银行	2.16	79
	亚洲中央银行	0.56	87
	均值	2.85	

资料来源：浙大 AIF。

印度尼西亚国家银行拥有宽广的全球业务网络，遍及世界各地的商业和经
济中心（新加坡、中国香港、首尔、东京、伦敦和纽约），在 6 个国家拥有 8
家海外分支机构，能为印度尼西亚相关全球客户及其交易提供服务，是印度尼
西亚基础设施项目吸引外资的重要基础。2018—2020 年，各个海外分行发放
的贷款保持连续两年上涨，其中 2020 年印度尼西亚国家银行新加坡分行的增
幅最大，增至 12670 亿卢比，同比增长 34.05%。此外，银行拥有坚实的企业
客户基础，2020 年，企业部门贷款占银行贷款总额的 52.8%，同比增长
7.4%。这为印度尼西亚国家银行抵御新冠肺炎疫情提供缓冲（见图 28）。

与此同时，成熟的数字银行服务也是印度尼西亚国家银行国际化发展的重
要潜力，各类数字化创新服务能够协助客户进行远距离和无时限的交易，满足
客户的各种交易需求。目前，银行不断增强数字化发展，为客户提供便捷的数
字化银行服务。互联网银行、移动银行、短信银行用户连续两年持续上升，其
中移动银行用户数量增长明显（见图 29）。截至 2020 年末，已有 778.68 万人
选择印度尼西亚国家银行移动银行，同比增长 59.6%；3.02 亿笔业务是在印

度尼西亚国家银行移动银行办理，同比增长 49.9%。印度尼西亚国家银行移动银行的飞速发展，为其国际化助力，国际化水平蓬发指日可待（见表 17）。

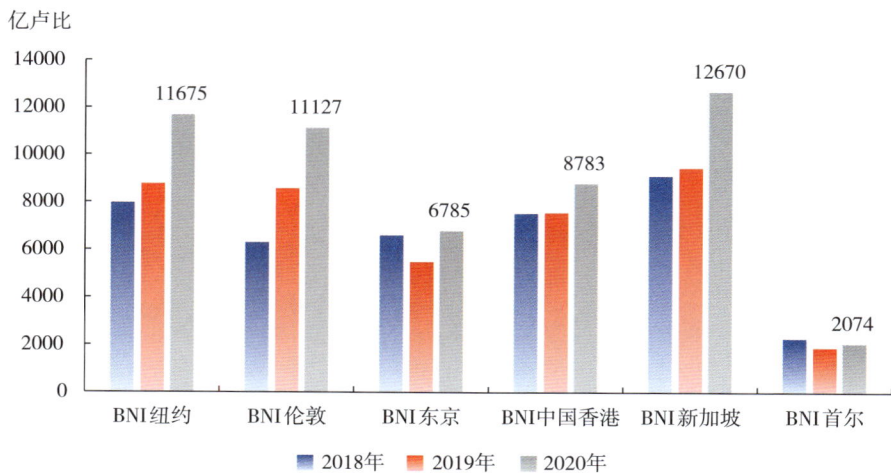

亿卢比

图 28　2018—2020 年印度尼西亚国家银行海外分行发放的贷款
（资料来源：浙大 AIF，印度尼西亚国家银行年报）

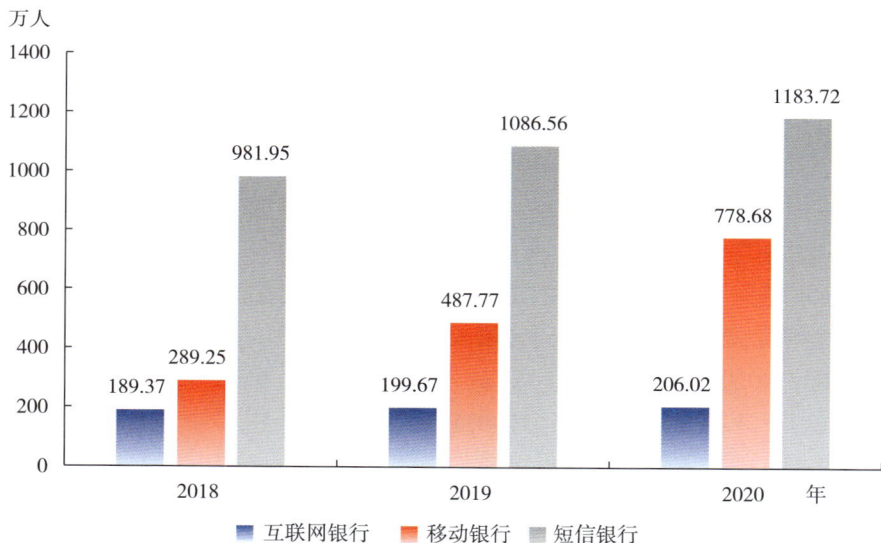

万人

图 29　2018—2020 年印度尼西亚数字银行用户组成
（资料来源：浙大 AIF，印度尼西亚国家银行年报）

表 17　印度尼西亚国家银行移动银行使用者数量及交易数量

项目	2019 年	2020 年	增速（%）
使用者数量（千）	4878	7787	59.60
交易数量（亿笔）	2.02	3.02	49.90

资料来源：浙大 AIF，印度尼西亚国家银行年报。

8.4　国际化特色

目前印度尼西亚国家银行的国际化水平仍有较大的发展空间，因此银行积极调整战略，提升自身竞争力，谋求国际化发展。

（1）优化数字银行业务，加强银行竞争优势。印度尼西亚国家银行虽已成为基于数字技术的优势银行，但为适应当前银行业变化，银行仍须加强其数字银行能力持续转型。在其业务实践中，银行以可持续的方式开发创新产品和服务，这些产品和服务由数字技术和可靠的网络支持。分销渠道和业务流程的数字化使印度尼西亚国家银行能够凭借增大的市场准入门槛和更高的运营效率保持业务的持续增长，数字技术能力持续增强将使银行逐步具备为客户提供随时随地随需的"无界金融服务"的能力，这令印度尼西亚国家银行更接近成为银行业 4.0 时代具有高度竞争力的数字银行。

（2）两项政策并举，促进银行业务增长。银行业务目标之一是成为在服务和绩效方面卓越的金融机构。为了实现这一目标数据和分析管理部门在 2020 年实施了战略举措，即通过优化数据管理功能，并通过两项主要政策加强数据分析和数据科学家功能，即安排 DMA 组织和数据科学家发展计划（DSDP）。这两项政策预计将加强 DMA 组织内的分析功能，以支持卓越分析中心（ACOE）的实施，该中心预计将能够促进银行的业务增长，并使银行成为数据驱动型组织。